Dados Internacionais de Catalogação na Publicação (CIP)
(Câmara Brasileira do Livro, SP, Brasil)

Netherton, Morris
    Vida passada : uma abordagem psicoterápica / Morris Netherton. [tradução Agenor Mello Pegado e Thereza dos Reis; prefácio à ed. bras.: Michel C. Maluf.] – São Paulo : Summus, 1997.

Título original: Past lives therapy.
Bibliografia.
ISBN: 978-85-323-0569-5

1. Regressão (Psicologia) I. Maluf, Michel C. II. Título

97-1683
                                                    CDD-616.8916
                                                      NLM-WM 420

Índices para catálogo sistemático:

1. Regressão : Psicoterapia : Medicina   616.8916
2. Vidas passadas: Psicoterapia : Medicina   152.41

Compre em lugar de fotocopiar.
Cada real que você dá por um livro recompensa seus autores
e os convida a produzir mais sobre o tema;
incentiva seus editores a encomendar, traduzir e publicar
outras obras sobre o assunto;
e paga aos livreiros por estocar e levar até você livros
para a sua informação e o seu entretenimento.
Cada real que você dá pela fotocópia não autorizada de um livro
financia o crime
e ajuda a matar a produção intelectual de seu país.

Morris Netherton

VIDA PASSADA
Uma abordagem psicoterápica

summus editorial

Do originai em língua inglesa
PAST LIVES THERAPY
Copyright © by Morris Netherton
1ª edição da Summus Editorial

Tradução de:
Agenor Mello Pegado e Thereza dos Reis

Revisão Técnica de:
Hermínia Prado Godoy

Capa de:
Ricardo de Krishna

Proibida a reprodução total ou parcial
deste livro, por qualquer meio e sistema,
sem o prévio consentimento da Editora.

Direitos para a língua portuguesa
adquiridos por
SUMMUS EDITORIAL LTDA.
Rua Cardoso de Almeida, 1287
05013-001 — São Paulo, SP
Telefone (011) 872-3322
Caixa Postal 62.505 — CEP 01214-970
que se reserva a propriedade desta tradução

Impresso no Brasil

À minha esposa CAROL JOYCE,
que descobriu o que realmente foi o pior,
enquanto eu procurava o que poderia ser feito.

SUMÁRIO

Prefácio à edição brasileira, por Michel C. Maluf 9
Prefácio à edição norte-americana, por Walter Steiss 17
Introdução 21

I Descobrindo Vidas Passadas

1. Confrontando-se com uma crise 29
2. O método 34

II Trabalhando com Casos

3. Claustrofobia: Corey Hopkins 51
4. Úlcera: Carl Parsons 58
5. Epilepsia: Lee Allen 65
6. Problemas sexuais masculinos: Henry Aiken 71
7. Problemas sexuais femininos: Sarah Foster 76
8. Relacionamentos: os Gordons 82
9. Alcoolismo: Ben Plummer 88
10. Enxaquecas: Harrison Lask 93
11. Hiperatividade: Chuck James 99
12. Câncer incipiente: Kay Folger 104

III Os Ciclos da Vida

13. O período pré-natal 113
14. O nascimento 119
15. A experiência da morte 125
16. O espaço entre vidas 131

IV Subsídios para a Pesquisa Científica

17. Casos sugestivos de reencarnação 139
18. Casos sugestivos de recordações do
    período pré-natal e do nascimento 152
19. Propostas para uma teoria 158

Conclusão 165
Bibliografia 167

PREFÁCIO À EDIÇÃO BRASILEIRA

Vida passada: uma abordagem psicoterápica é uma obra herege, que ultrapassa as fronteiras estabelecidas pelas escolas psicológicas, psicoterápicas, psicanalíticas e psiquiátricas. Lançada há dezenas de anos por Morris Netherton, Ph.D. em psicologia, está sendo rapidamente divulgada por todo o mundo.

O presente prefácio reproduz uma discussão entre um ortodoxo e um herege, apresentando os argumentos mais típicos de ambos os lados para que o leitor possa situar-se.

Ortodoxo: Terapia de vida passada. O que é isso?

Herege: É uma nova técnica psicológica de abordagem do inconsciente, relacionada com traumas, problemas psicossomáticos, comportamentos emocionais e mentais das fases mais precoces da vida, incluindo a concepção, a vida intra-uterina, o nascimento, a infância, as mortes anteriores à atual vida e outras vidas. Pesquisa o problema onde ele estiver. A técnica vai além das fronteiras estabelecidas.

O: Isso parece ter a ver com reencarnação!

H: Sim, a técnica pode levar o paciente a outras vidas.

O: Não aceito esse absurdo! Você tem coragem de envolver seu nome, sua reputação com uma obra que não tem nenhum respaldo científico da academia, escrita por um maluco como esse Netherton?

H: Sempre tive afinidade congênita por assuntos dessa natureza; para mim não é novidade.

O: Você também é maluco!

H: Eu não consideraria desta forma uma pessoa *a priori*; analisaria e pesquisaria uma teoria baseada em fatos. Admiro os que discordam, com base, de conceitos estabelecidos. Há tempos, li uma obra magistral, *Introdução ao método científico*, de Claude Bernard, considerado o maior fisiologista de todos os tempos. Ele afirma o seguinte: "Quando um fato contraria uma teoria dominante, abandone a teoria e conserve o fato, mesmo que ela seja apoiada pelas maiores mentalidades da época."

O: Ah, você vem com argumentos pretendendo consagrar uma técnica que se diz psicológica, mas é tirada de uma religião?! Ora, por favor, isso não!

H: Os hereges, os dissidentes e os pioneiros são um enorme contingente que promovem o progresso da ciência, da filosofia e da religião. Quantos foram condenados pela comunidade científica de sua época e depois consagrados? Lembre-se de Galileu, Pasteur, Forlanini, Giordano Bruno, Paracelso e muitos outros; depois de mortos, alguns por martírio, receberam homenagens, estátuas, etc. Que contra-senso!

As escolas filosóficas do Egito, da Índia e da China sempre voltaram sua atenção para o universo e para o homem. Hermes Trimegistro afirmou, há milênios: "O que está em cima, está em baixo." O macro e o microcosmo. As pesquisas científicas revelaram que os elementos constitutivos do universo são os mesmos encontrados no ser humano. As escolas filosóficas da Grécia, desde os pré-socráticos, também centralizaram suas indagações no homem e no universo. Pitágoras, um dos grandes sábios da humanidade, que estudou no Egito, na Babilônia e na Fenícia e influenciou todo o pensamento grego, além de introduzir o termo "filosofia", trouxe dos templos egípcios a máxima secular *gnothi se auton* [conhece-te a ti mesmo], inscrita no pórtico de sua escola e depois no do templo de Apolo, em Delfos.

Até hoje, decorridos milhares de anos e várias escolas de pensamento, a psiquiatria e a psicologia quase nada sabem a respeito do homem. Um estudioso como Carrel, que passou a maior parte de sua vida no Rockfeller Institute for Medical Research, junto com especialistas notáveis, como Jacques Meltzer e Noguchi, afirma, em sua obra *O homem, esse desconhecido*:

"A ciência dos seres vivos em geral, e do indivíduo humano em particular, não progrediu tanto. Encontra-se ainda no estado descritivo. O homem é um todo indivisível de extrema complexidade. É impossível ter-se uma concepção simples do que ele seja, nem há método capaz de o compreender simultaneamente em conjunto, nas suas partes e relações com o mundo exterior. A anatomia, a química, a filosofia, a psicologia, a pedagogia, a história, a sociologia, a economia política e todos os seus ramos não esgotam o assunto. O homem que os especialistas conhecem não é pois o homem concreto, o homem real, mas tão-somente um esquema, por sua vez composto de outros esquemas construídos pelas técnicas de cada ciência. É ao mesmo tempo o cadáver dissecado pelos anatomistas, a consciência que os psicólogos e os grandes mestres da vida espiritual observam e a personalidade que a introspecção revela a cada um de nós, as substâncias químicas que compõem os tecidos e os humores do corpo, o prodigioso conjunto de células e de líquidos nutritivos cujas leis de associação os fisiologistas estudam. O homem é também o poeta, o herói e o santo. Não só o ser prodigiosamente complexo que os sábios analisam, por meio das suas técnicas especiais, mas, também, a soma das tendências, suposições e desejos da humanidade. As concepções que acerca dele possuímos estão impregnadas de metafísica. É certo que a humanidade fez um enorme esforço para se conhecer. Embora possuindo o tesouro de observações acumuladas pelos sábios e filósofos, pelos poetas e místicos, não apreendemos senão aspectos e fragmentos do homem. Esses fragmentos são ainda criados pelos nossos métodos. Cada um de nós é uma procissão de fantasmas no meio da qual marcha a realidade incognoscível. De fato, a nossa ignorância é muito grande. A maior parte dos problemas que a si próprios propõem aqueles que estudam os seres humanos permanece sem respostas. Imensas regiões de nosso mundo interior continuam desconhecidas. O esforço realizado por todas as ciências que têm o homem como objeto ainda é insuficiente e muito pouco o que sabemos acerca de nós próprios. É preciso compreender claramente que a Ciência do Homem é a mais difícil de todas as ciências. O homem deveria ser a medida de tudo. E, afinal, é um estrangeiro no mundo que criou. Não soube organizar este mundo para si, por não possuir um conhecimento positivo da sua própria natureza. O enorme avanço das ciências da matéria inanimada sobre as dos seres vivos é um dos acontecimentos mais trágicos da humanidade. A Ciência do Homem tornou-se a mais necessária de todas as ciências."

O: Apesar de tudo o que você acabou de dizer, a ciência ainda não se pronunciou a respeito de algum princípio diferente do órgão centralizador de tudo, o cérebro.

H: Veja, há muitos fenômenos que não podem ser explicados unicamente pela maravilhosa dinâmica cerebral. O grande filósofo Aristóteles afirmou, há dezenas de séculos: *"Nihil est in intellectu quod primus non fuerit in sensu"* [Nada há no intelecto que não tenha passado primeiro pelos sentidos]. Esse conceito aristotélico caiu por terra diante das pesquisas realizadas pelos investigadores da parapsicologia, que estudam os fenômenos inusitados. De 1850 a 1950, cientistas famosos, professores universitários especializados nos mais diversos ramos do conhecimento, tiveram sua atenção voltada para fenômenos inusitados da personalidade humana, cuja explicação escapava às fronteiras então conhecidas da ciência. Exaustivas investigações vieram demonstrar que o ser humano é realmente complexo, e o inconsciente mais profundo do que pensamos. Alguns desses pesquisadores têm considerável reputação acadêmica, prêmios Nobel inclusive; não arriscariam seus nomes em investigações fantasiosas. É preciso levar em consideração que em muitas das pesquisas tomaram parte dezenas de cientistas, professores e especialistas em detectar fraudes; a veracidade dos fenômenos tornou-se de tal maneira evidente que muitos dos envolvidos, materialistas confessos e incrédulos, tiveram a coragem de enfrentar o escárnio da comunidade acadêmica e os julgamentos injustos. Citemos alguns desses extraordinários pioneiros:

Professor doutor P.E.M. Berthelot; sir A.R. Wallace; sir J.W. Edmonds; barão H.R. Reichenbach; sir W. Crooks; professor doutor W.R. Barret; professor doutor sir O. J. Lodge; professor doutor H. Hyslop; professor doutor W. James; professor doutor F.G.H. Myers; professor doutor T. Flournoy; professor doutor R. Hare; B. Franklin; T. Edison; professor doutor A. de Morgan; professor doutor H. H. Goddard; professor doutor H. Leuws; professor doutor J. Elliotson; professor doutor C.R. Richet; professor doutor J. Maxwell; professor doutor C. de Vesme; professor doutor E. Osty; professor doutor P. Gibier; doutor G. Geley; professor doutor C. Flammarion; professor doutor E. A. de Rochas; professor doutor J. Ochorovicz; professor doutor Binet; professor doutor Bergson; professor doutor P. Janet; professor doutor H. Driesch; E. Kant; professor doutor C. du Prel; professor doutor Schrenk-Notzing; professor doutor B. Schmidt; professor doutor Freitas; professor doutor G. Wolf; professor doutor von Kalker; professor doutor L. Klages; professor doutor L. Schott; professor doutor S. Noehr; professor doutor Thoemmer; professor doutor M. Perty; professor doutor R. Lambert; conde C. von Klinckowstrom; professor doutor U. Tartaruga; professor doutor K. C. Schneider; professor doutor R. Tieschner; professor doutor A. Wagner; professor doutor K. Gruber; professor doutor Bruck; professor doutor Blacker; conde H. Keyserling e K. Hardenberg; professor doutor J.C. Zollner; professor doutor W. Weber; professor doutor T. Fechner; professor doutor W. Wundt; professor doutor H. Goldschmidt; professor doutor C. Ludwig; professor doutor E. Morselli; professor doutor P. Foá; professor doutor R. Santoliquido; professor doutor Pozzo; professor doutor W. Caltagiorini; professor doutor N. Filalete; professor doutor Pagnoni; professor doutor Palazzi; professor doutor R. Giustiniani; professor doutor R. Schiaparelli; professor doutor A. Brofferio; professor doutor G. Gerosa; professor doutor G.B. Ermacora; professor doutor G. Finzi; professor doutor F. Porro; professor doutor G. Lappone; professor doutor R. Botazzi; professor doutor E. Giolfi; professor doutor E. Chiaia; professor doutor V. Scozzi; professor doutor Luciani; professor doutor E. Bozzano; professor doutor C. Lombroso; professor doutor E. Morselli; Pierre Curie; professor doutor E. Servado; professor doutor V. Galtagironi; professor doutor G. Schepis; professor doutor Pende; professor doutor G. Guicciardi; professor doutor F. Millosevich; professor doutor C. Acqua; professor doutor G. Sergi; professor doutor P. Stameni; professor doutor D. Pacchioni; professor doutor G. Ferrando; professor doutor G. Grandi; professor doutor A. d'Ormea; professor doutor F. Vitale; professor doutor F. Eredia; professor doutor T. Alippi; professor doutor G. Mirto; professor doutor G. Luna; professor doutor E. Sorge; professor doutor M. L. Bianchini; professor doutor E. Bonaventura; professor doutor A. Anile; professor doutor V. Scozzi; professor doutor S. de Sanctis; professor doutor F. Zingaropoli; professor doutor O. Pensig; professor doutor C. O. Zuretti; conselheiro de sua majestade imperial da Rússia K. F. W. Aksakoff; professor doutor Mendeleiev; professor doutor A. Wildins; professor doutor A. L. Vilela; professor doutor A. M. Velho; professor doutor I. D. Santos; professor doutor F. Noronha; professor doutor F. da Rosa; professor doutor G. Losa; professor doutor C. G. Shalders; professor doutor A. H. Braune; professor doutor W. Scheibner; professor doutor N. Wagner, e centenas de outros.

Esses pesquisadores abriram caminhos para um conhecimento mais profundo da personalidade humana e de seu destino após a morte. É incompreensível que a ciência oficial homenageie homens como os citados, com prêmios Nobel e outras distinções, por suas descobertas e seus trabalhos científicos nos mais variados campos, e ao mesmo tempo silencie a respeito das descobertas e investigações dessas mesmas pessoas no campo mais importante de todos, segundo Carrel, a Ciência do Homem.

O: Esses sábios notáveis que você cita podem ter sido vítimas de ilusões e fraudes.

H: Dezenas poderiam ter sido vítimas de ilusões ou fraudes, até mesmo centenas, mas milhares nunca!

O: Bom, então me diga: qual o conceito que vocês têm do consciente e do inconsciente?

H: Sobre o consciente não há necessidade de discorrer, ele pode ser comparado à ponta de um *iceberg*, acima da superfície; o inconsciente, porém, mergulha nas profundezas oceânicas da personalidade. É o repositório das experiências e vivências do ser humano em fases mais precoces, na infância, na vida intra-uterina e em outras vidas.

O: Não posso aceitar semelhante absurdo, pois para a escola de Freud, assim como para outras, o inconsciente existe apenas do nascimento em diante.

H: Existem as escolas terapêuticas transpessoais, tendo à testa investigadores como Stanislav Grof, chefe de pesquisa psiquiátrica no Maryland Psichiatric Research Center, professor de medicina na John Hopkins University School of Medicine e no instituto Esalen; Brian Weiss, professor da Columbia University e catedrático do Mount Sinai Medical Center; e outros que, após anos de pesquisas, estão transformando o conceito de inconsciente. Freud sem dúvida nenhuma descobriu uma técnica de exploração do inconsciente, destinada ao tratamento dos mais diversos distúrbios emocionais e mentais da personalidade humana. Mas foi combatido e perseguido por causa de sua teoria — apesar de seu conceito do inconsciente partir da época do nascimento. Só depois de um agitado período é que suas idéias passaram a ser aceitas por profissionais que se tornariam psicólogos, psiquiatras e neurologistas. Naturalmente, a idéia de inconsciente não nasceu com Freud; devem ser lembrados os nomes de Leibniz, Carus, Kant e Janet, por exemplo.

A psicologia atual, apesar das imprecisões ainda existentes, proporciona uma visão objetiva da personalidade humana, não mais alicerçada em conceitos metafísicos. Ela começa a iluminar, embora fracamente, o caminho do autoconhecimento, baseado no lema *gnothi se auton*. Modernamente, Rhine e sua equipe realizam experiências sobre paranormalidade na Duke University, conseguindo levar a parapsicologia para ambientes universitários. Outros investigadores, tais como Ian Stevenson, da Universidade de Virgínia, Banerjee, da Universidade de Bajastan, Freeman e Albertson, da Universidade do Colorado, realizaram e continuam investigando a teoria da reencarnação com resultados sugestivos a respeito da possível pluralidade de vidas do ser humano.

Foi Freud quem abriu as portas do inconsciente e maravilhou o mundo científico com o material que encontrou, fundamento de sua doutrina a partir da qual seus seguidores e dissidentes estenderam a psicanálise e criaram escolas para explicar e tratar as diversas entidades no campo da patologia emocional e mental. No entanto, apesar do louvável e extraordinário esforço dessas escolas psicanalíticas e psicoterapêuticas, muitas patologias permanecem resistentes ao assédio dos tratamentos biológicos, psicológicos e mesmo da associação de ambos. J. Delay, introdutor da eletroencefalografia na França, classificador das drogas psicotrópicas, introdutor do termo neuroléptico, pioneiro no relato dos efeitos da clorpromazina nos sintomas psicóticos, chamou a atenção do mundo médico pela primeira vez em 1968 com o relato de um caso de síndrome neuroléptica maligna (SNM), em que declara: "No domínio do tratamento, a psiquiatria encontra-se ainda no estágio pré-embrionário."

Surge então Morris Netherton, Ph.D. em psicologia, que desde sua formação percebeu ser a psicanálise insatisfatória. Ao contar um sonho que tinha desde a infância a seu analista, não se convenceu com a interpretação que recebeu. Com o passar do tempo, foi coletando relatos de seus clientes que não cabiam nas interpretações tradicionais e depois de dez anos acabou deparando com a reencarnação. Entrou em terrível conflito, pois sua educação religiosa protestante não o preparara para a parapsicologia e nunca se interessara por religiões com base reencarnacionista como o espiritismo, ou por ocultismo. Ainda assim as evidências eram indiscutíveis, especialmente em relação a seu próprio sonho recorrente, cuja confirmação obteve através de uma pesquisa realizada no Ministério da Marinha norte-americana que não só confirmou a veracidade dos dados do que sonhara como ainda forneceu os nomes das pessoas que haviam morrido afogadas no naufrágio na baía da Califórnia em 1720. Entre os afogados estava seu nome. Como explicar esse estranho sonho sobre acontecimentos ocorridos 275 anos antes?

O: Como explicar? Ora, parece que você não conhece teorias como a criptomnésia, a memória genética, a projeção de imagens, a teoria caringtoniana e mesmo a fraude deliberada.

H: Acho perfeitamente possível que existam teorias para muitos dos fenômenos pouco habituais, que os expliquem satisfatoriamente. Nesse sentido, é preciso levar em consideração os fatos. Fatos são indiscutíveis e, quando se repetem em condições experimentais controladas por diferentes pesquisadores em lugares diversos sempre da mesma maneira, tornam-se um axioma. Um axioma é uma verdade evidente por si mesma. Netherton realizou até hoje cerca de trinta mil regressões ao longo de trinta anos de investigações, obtendo curas e melhorias indiscutíveis, encurtando assim o período de tratamento pelos métodos psicoterapêuticos e psicanalíticos convencionais. Portanto, uma nova técnica introduzida no arsenal terapêutico força a passagem ao lado das tradicionais, situando-se dentro do conceito de Claude Bernard.

Esse tipo de terapia nada tem a ver com crenças religiosas e o paciente não precisa aceitar mais do que o procedimento em si para que funcione. O problema da religião é semelhante ao treinamento autógeno do professor Schultz, de Berlim, que sistematizou uma técnica de relaxamento a partir de textos filosófico-religiosos da Índia antiga. Hoje, é uma técnica usada em todo o mundo. O relaxamento nada tem a ver com a religião, assim como a técnica de Netherton nada tem a ver com o budismo ou outras religiões reencarnacionistas. Existe um aforismo que reza o seguinte: "Não aceite limites inapelavelmente estabelecidos como o fim de sua busca; ande mais alguns passos, aí descobrirá novos caminhos." Leibniz, Carus, Kant, Janet, Freud e Jung desvelaram o inconsciente; outros exploraram um pouco mais essa floresta ainda indevassada; mas absolutamente todos limitaram-se ao material colhido pela livre associação de idéias, desprezando relatos considerados estranhos, frutos da imaginação dos pacientes.

No entanto, muitos desses relatos eram oriundos do inconsciente e afloravam no consciente através da memória extracerebral. Certa vez, uma paciente mergulhada em estado sonambúlico relatou-me que se encontrava em uma prisão em Roma no tempo da perseguição aos cristãos; eu ainda não sabia como trabalhar esse material, mas tinha plena consciência de que se tratava de uma regressão a uma vida passada. Também é considerado produto da "imaginação infantil" os relatos de crianças a respeito de vidas anteriores, citando datas, locais, cidades, países, ruas, bairros, etc., que puderam ser confirmadas por estudiosos como Stevenson, mas que tais crianças, sem nunca terem saído de onde nasceram, não poderiam saber.

Todos os psicanalistas estacaram na antecâmera do inconsciente; Netherton continuou pelas longas avenidas da memória extracerebral, que o conduziram às profundezas da personalidade, na busca da origem dos traumas que angustiam, deprimem ou desagregam o ser humano, e que se traduzem no consciente por sintomas que caracterizam entidades nosológicas de natureza emocional, psicossomática, comportamental e mental. Dessa forma, ultrapassou os limites estabelecidos pela ciência acadêmica, penetrando em território considerado próprio da "imaginação fantasiosa". O mesmo foi dito a respeito do médico alemão que descobriu o cateterismo cardíaco, no século XIX, quando o coração era considerado "intocável". Sua carreira acadêmica foi obstruída e ele condenado ao ostracismo, atrasando em cem anos a adoção de um exame subsidiário de extrema importância para as afecções cardíacas, hoje universalmente adotado. O médico recebeu um Nobel um século após a sua morte.

A terapia através das vidas passadas, como acontece com as novas descobertas, não é reconhecida pela psiquiatria e pela psicologia como científica. O mesmo aconteceu com o cateterismo cardíaco, o pneumotórax, a anestesia, os micróbios, a hipnose médica, a penicilina, o sistema solar e muitas outras descobertas. A terapia através de vidas passadas pagará o seu preço, permanecendo no ostracismo por talvez dezenas de anos; milhões de pacientes que poderiam se beneficiar dela sofrerão com seus distúrbios, até que seja considerada uma nova técnica psicoterapêutica e Morris Netherton seja incluído entre os grandes desbravadores do inconsciente.

O: Achei muito interessante a sua explicação, porém prefiro ficar com o meu ponto de vista até que novas descobertas mais palpáveis venham à luz.

H: Concordo com você, acho que esta é uma posição científica.

Michel C. Maluf
Presidente da Associação Brasileira de Estudo e
Pesquisa em Terapias de Vivências Passadas

PREFÁCIO À EDIÇÃO NORTE-AMERICANA

Todo médico consciente deve estar atento a qualquer conquista que possa ampliar-lhe os conhecimentos. Quando um novo método de tratamento obtém consistentemente resultados apreciáveis, é de sua responsabilidade dar-lhe atenção.

O doutor Morris Netherton e eu somos colegas e amigos há seis anos e o trabalho que ele vem desenvolvendo, utilizando uma técnica denominada terapia de vida passada, cada vez me impressiona mais. Alegro-me por haver o doutor Netherton se decidido a publicar, neste livro, o resultado de suas pesquisas. Embora a doutrina da reencarnação seja utilizada como um instrumento dessa forma de terapia, a crença na mesma não é imprescindível ao seu êxito. Contudo, o doutor Netherton demonstrou possuir muita coragem e convicção ao levar a efeito esse trabalho, em vista do esperado ceticismo por parte de determinado círculo de pessoas. Penso que ele não pode evitá-lo e deva ser valorizado por realizar tal esforço, e as pessoas de mente aberta concordarão que os resultados falam por si mesmos.

A terapia de vida passada baseia-se no pressuposto de que os pacientes podem determinar a origem dos traumas desta vida, tanto mentais quanto físicos, em fatos enraizados em suas vidas pregressas. É uma técnica que possibilita apagar os efeitos desses incidentes, de modo que o indivíduo possa aprender a viver no presente. Este livro trata das implicações psicológicas dessa terapia. Como médico, considero que tal técnica pode alargar nossa visão das enfermidades mentais e psicológicas.

Do ponto de vista médico, o mais interessante da terapia de vida passada é que ela estabelece uma conexão entre o corpo e a mente. A maioria dos médicos aceita o fato de que a mente afeta profundamente o corpo: isto é uma realidade observável em moléstias como úlcera e enxaqueca. O que se percebe menos freqüentemente é que há sempre um componente psicológico em cada doença física. Pesquisas estão agora começando a explorar tal campo, muito particularmente nos casos de câncer, em que se manifesta uma personalidade predisposta a esse mal.

Na terapia de vida passada observamos que a recíproca é também verdadeira. A todo problema psicológico, o paciente associa um dano físico ocorrido em vida anterior. Corpo e mente existem em um relacionamento que evidencia efeitos recíprocos.

Netherton não propõe que a terapia de vida passada exclua a necessidade de tratamentos médicos. Ela não pode curar um mal que já atingiu o corpo. Porém médicos têm observado com freqüência que em certos doentes existe uma necessidade psicológica por trás de suas enfermidades. A terapia de vida passada pode ajudar o indivíduo a perceber de onde vem o seu apego à doença, possibilitando-lhe libertar-se dela. É também muito eficiente em localizar dores físicas. A dor é uma experiência subjetiva; determinado mal pode fazer sofrer um paciente muito mais do que em outro. A terapia de vida passada demonstra que a dor física está ligada a experiências de vidas anteriores. Ela pode ser amenizada, desvinculando-se o paciente de seu trauma passado, o que freqüentemente elimina a deprimente dependência de analgésicos.

Essa terapia tem ainda implicações relativas à conduta durante a gravidez, o nascimento e a morte, três importantes períodos do ciclo da vida que comumente são submetidos à jurisdição do médico. Pesquisas estão começando a demonstrar que os nascituros são dotados de maior percepção do que se lhes atribuíam. Pode-se demonstrar que o feto tem uma sensibilidade à luz, ao som e aos sentimentos maternos. O trabalho do doutor Netherton, levando pessoas às suas experiências pré-natais e de nascimento, confirma e amplia essas pesquisas com relatos em que se evidencia notável memória pré-natal e do instante do nascimento.

A terapia de vida passada dá também uma grande contribuição para o entendimento do fenômeno da morte. O temor da morte e o concomitante desconforto que a maioria das pessoas sente em presença de um moribundo é atenuado pelo exame das mortes em existências anteriores. O trabalho sobre tais ocorrências, independente de uma tácita aceitação da vida após a morte, pode aclarar a situação tanto do moribundo quanto de seus familiares.

Finalmente, por ser tão eficaz com as crianças, que a ela se adaptam prontamente, a terapia de vida passada favorece a prevenção de problemas físicos e emocionais.

Este livro representa parte do trabalho do doutor Netherton. Ele nos chama a atenção para uma técnica que é, em si mesma, completa. Torna as pessoas mais saudáveis e livres dos riscos dos efeitos colaterais conseqüentes do uso de drogas. É, em outras palavras, o tratamento ideal. Creio, além do mais, que a repercussão do que o doutor Netherton vem causando é imensa. Convidaria os pesquisadores de medicina e de psicologia a testarem as descobertas da terapia de vidas passadas.

Os dados conseguidos concorreriam para a uma compreensão mais abrangente do vínculo existente entre mente e corpo, ponto fundamental da arte de curar.

Walter Steiss
Doutor em medicina

INTRODUÇÃO

Todo terapeuta leva uma vida dupla. Para seus pacientes, ele é um companheiro na estrada entre o abatimento e o ânimo: um intérprete, um guia, por vezes um amigo ou um adversário amistoso, mas sempre um companheiro. Para o mundo em geral, contudo, ele é algo bem diferente. Trabalha como um detetive, investigando todos os aspectos da natureza humana em busca de uma conclusão final. Quem somos? O que nos faz amar, odiar, enganar, acreditar? Cada caso relatado representa um novo conjunto de pistas para a compreensão desse mistério central. A responsabilidade do terapeuta é registrar com precisão suas descobertas e pesar cuidadosamente suas conclusões.

Como psicólogo clínico assentando minhas verificações em forma de livro, aceito o peso dessa responsabilidade; a carga torna-se maior porque especializei-me numa técnica relativamente nova e não-ortodoxa, denominada terapia de vida passada. Ela lida com as encarnações e, conseqüentemente, com uma torrente de incidentes traumáticos que o inconsciente parece ser capaz de fazer aflorar, os quais datam de séculos ou talvez de milênios atrás. Acredito que corro o risco de desagradar a muitos e deixar incrédulos a outros tantos. Porém, espero daqueles que lerem este livro uma apreciação do método pelos seus próprios méritos, deixando de lado a questão do fenômeno paranormal o suficiente para apreciar os resultados da terapia em si mesma. Os intrigantes e freqüentemente frustrantes (para aquele que não acredita) eventos que acompanham as sessões com meus pacientes serão abordados em toda a extensão deste livro e enfocados em mais detalhes no seu final. Meu objetivo fundamental, entretanto, é descrever uma técnica terapêutica e, através do exame de casos documentados, manter um registro dessa técnica. Tenho consciência de que muita gente tem dificuldade em aceitar qualquer terapia "científica" que se ocupe de questões de vidas passadas, e é com isso em mente que formulo essas notas introdutórias.

Os povos ocidentais tendem a encarar a reencarnação em termos do oculto e do bizarro. Para novecentos milhões de hindus, budistas e jainistas a reencarnação é, porém, parte de seus fundamentos filosóficos e a idéia de que vivemos mais de uma vez é tão comum para eles como os credos religiosos ocidentais o são para nós. Essas pessoas representam perto de um terço da população mundial.

A terapia de vida passada trata da reencarnação como um fato, o que, certamente, é diferente de uma crença. Tenho sérias dúvidas de que a reencarnação possa ser provada e, na verdade, não tenho interesse em fazê-lo. Tratamo-la como realidade por ser o único meio de fazê-la funcionar satisfatoriamente. Os pacientes revivem cenas de vidas pregressas com o objetivo de compreenderem certos problemas que os afetam no presente. A terapia não depende da "veracidade" da reencarnação, mas em deixar de lado a questão da veracidade para trabalhar no sentido de sanar os problemas comportamentais do paciente.

Isto posto, devo expressar de pronto minha crença pessoal de que a reencarnação na verdade ocorre. Eu não fui, contudo, influenciado a crer nisso nem por religiões orientais, nem pelo ocultismo. Minha crença se desenvolveu a partir do acompanhamento das minhas observações até sua conclusão final. Baseado nos casos de que cuidei pessoalmente e da pesquisa independente que tenho feito, sinto que a teoria da reencarnação é a hipótese explicativa mais lógica para os fenômenos que testemunhei.

Pelo espaço de dez anos ouvi um mesmo evento narrado em detalhes por dezoito pacientes distintos, os quais, de forma nenhuma, poderiam ter-se conhecido. Pude verificar fatos como datas de catástrofes marítimas e suicídios obscuros, baseando-me em material fornecido por pacientes que não tinham o menor conhecimento de tais fatos. Como sou psicólogo e não um pesquisador profissional, não procurei provar a veracidade desses eventos. Sua utilização na terapia é para mim mais importante do que qualquer prova que possa obter. Desnecessário dizer que a pesquisa do material que possa validar essas vidas pregressas é um passatempo que desperta a curiosidade de muita gente, e apresento na parte final deste livro muitos casos sugestivos de reencarnação.

No que se refere a meus pacientes, o êxito de seu tratamento não é influenciado pela crença na reencarnação ou pelo ceticismo a respeito. Várias pessoas que me procuraram afirmando poder provar que a reencarnação é uma falsidade foram surpreendidas por revelações que elas próprias encontraram em suas vidas anteriores. Outras chegaram ao meu consultório céticas, trataram-se durante três meses e saíram tão descrentes quanto entraram. Não tomo partido nisso. Como terapeuta meu compromisso é com o bem-estar psicológico de meus pacientes. A técnica que uso tem por objetivo ser-lhes útil. Neste livro registro apenas o que encontrei ao longo do meu trabalho, e o submeto ao julgamento de outros.

Acredito firmemente que há muitos aspectos de nossa existência que sequer tenhamos começado a compreender. Estamos apenas iniciando a investigação a respeito da ligação entre as desordens mentais e a dor física, a enfermidade e a deformidade. A medicina já traçou um longo caminho no tratamento da deterioração do corpo e os psicólogos deram largos passos no sentido de compreender a mente. Mas essas duas ciências desempenharam apenas as funções preliminares. A compreensão do elo entre o psicológico e o fisiológico é uma tarefa em pauta. A terapia de vida passada é um passo experimental nessa direção.

A evidência da reencarnação é suficientemente forte para não mais ser alijada como uma brincadeira ou uma idéia lunática de algum movimento ocultista. Venho-a utilizando como um instrumento terapêutico há mais de duas décadas. Quase invariavelmente, meus pacientes chegaram à conclusão de que seus tormentos mentais nesta vida podiam ser localizados com precisão em uma situação física de uma existência pregressa. Colocando de forma mais simples: um paciente que sofre de temor por alturas, por exemplo, descobrirá, recorrendo a vidas passadas, situações em que morreu como conseqüência da queda de grandes alturas. As quedas nas vidas anteriores podem facilmente ser classificadas de "devaneios diurnos criativos" e, se um paciente quiser encarar o fato dessa maneira, não farei qualquer objeção; a terapia, ainda assim, trar-lhe-á resultados. À medida que se desligar do domínio das encarnações passadas, perderá o temor que sente aqui e agora. A noção de que aquilo que descreve é de fato real apóia-se na evidência que ele próprio fornece, relativamente ao tempo, lugar, condições e linguagem envolvendo os incidentes da "vida passada". Reunimos esses detalhes por ser importante para o paciente reviver passo a passo o trauma de cada incidente de vida passada, de modo completo e integral, de forma a poder desligar-se dele.

A idéia de "desligar" um paciente de seus temores, fazendo com que ele os revivencie, não é nova. A terapêutica freudiana sempre procurou levar pacientes a tentarem desvelar seus traumas ocultos desde o início da vida e, na Segunda Guerra Mundial, muitos combatentes vítimas de estados de choque foram curados de seus distúrbios mentais quando compelidos a descrever em detalhes e a reviver, inclusive emocionalmente, suas experiências no campo de batalha. Diferentemente das vítimas das guerras, entretanto, meus pacientes raramente sabem qual é a origem de seus distúrbios, e, por isso, investigamos juntos os eventos de que eles consigam se lembrar e que possam ter sido a origem do trauma. Em verdade, o único aspecto "não-ortodoxo" do meu método é a distância que pretendo retroceder para encontrar esse trauma: às raízes da existência do homem.

Alterei os casos relatados que se seguem apenas com o propósito de salvaguardar a privacidade dos pacientes. Todos os nomes utilizados no livro são fictícios e, quando certos detalhes de menor importância poderiam vir a revelar a identidade dos pacientes, mudei-os igualmente. Contudo, nenhuma modificação substancial foi efetuada quanto às informações obtidas. As histórias que ouvi são apresentadas na ordem em que se desenrolaram e foram reconstituídas a partir de extensas anotações feitas durante cada sessão. Muitas não são particularmente belas: traumas são causados por situações desagradáveis, quase insuportáveis. O leitor não encontrará nenhuma referência a vidas idílicas com finais tranqüilos e pacíficos, não porque ninguém tenha tido uma vida pregressa feliz, mas porque vidas anteriores venturosas criam pouca turbulência no inconsciente. Quando um paciente me procura, buscamos localizar sua dor maior, sua dificuldade mais acentuada para enfrentar a vida. A partir dessas emoções ele irá percorrer o passado para encontrar sua fonte. É claro que raramente irá abordar tempos felizes. Se eu fosse iniciar minhas sessões pedindo a um paciente que se lembrasse de suas emoções mais agradáveis, ele por certo apresentaria muitos momentos venturosos de suas encarnações pregressas. Mas isso não seria aconselhamento terapêutico, e sim um mero jogo de salão envolvendo reencarnação que não valeria a perda de tempo nem do paciente, nem minha. Além do mais, tais sessões seriam antiterapêuticas. Porquanto, do mesmo modo que um comportamento negativo é decorrente de um trauma passado que pode ser apagado, o comportamento positivo é resultante de satisfações passadas que também podem ser diluídas. A conseqüência disso para seus protagonistas poderia abranger perda de produtividade, de segurança e de auto-estima.

Pessoas cujas vidas não são alteradas por desajustes comportamentais indubitavelmente encontrariam um número muito maior de vidas passadas "felizes" do que meus pacientes. Não têm elas o menor motivo para explorarem essas vidas e teriam melhor proveito deixando seu inconsciente sossegado. Quanto ao material apresentado pelos meus pacientes, é inegável que, freqüentemente, mostram um conteúdo brutal e trágico. Seria covardia, contudo, disfarçá-lo. Não tenho o menor interesse em elaborar qualquer tipo de matéria sensacionalista; em verdade, nada tenho a ver com a "criação" desses incidentes. Minha tarefa tem sido simplesmente a de guiar meus pacientes na busca dos elos entre o passado e o presente, bem como auxiliá-los a eliminarem o passado da posição de controle que exerce sobre suas vidas.

I
Descobrindo Vidas Passadas

1. CONFRONTANDO-SE COM UMA CRISE

"Já tentei de tudo."
Alan Hassler postava-se à porta de meu consultório. Não me disse "Olá", nem "Obrigado por atender-me". Apenas declarou: "Já tentei de tudo". Antes que eu abrisse a porta, essas palavras saíram de seus lábios, como se fossem o fecho de um discurso previamente preparado. Claro que eu já ouvira aquela frase antes. Creio que qualquer psicólogo a escuta com freqüência, mas vindo de Alan Hassler denotava uma atitude combativa, que eu sabia ser difícil de superar. Duas semanas antes ele jantara em minha casa, e, como bom advogado que é, ouvira atentamente minhas explicações sobre a terapia de vida passada. Não nos conhecíamos bem (nossas esposas é que eram amigas), mas pude perceber que ele ficara chocado com a idéia de reencarnação, e, a despeito do nosso relacionamento recente, pareceu-me que não iria reagir polidamente a respeito. A conversa fora interrompida e eu criticado por dedicar-me a um trabalho "mal orientado". Alan Hassler tinha a certeza de que nada havia após a morte e de que meu trabalho consistia em vender "falsa esperança" a pobres coitados ignorantes que nada sabiam sobre o assunto. Desisti de qualquer discussão com meu convidado, pois sabia que qualquer coisa que lhe dissesse iria apenas alimentar seu rancor. Fiquei quieto. Agora, duas semanas depois, lá estava ele, parado à minha porta, dizendo-me que já havia tentado de tudo. Não fiquei completamente surpreso. Pedi-lhe que entrasse.

Sentou-se nervosamente no divã de meu consultório. Sua postura de autoconfiança sumira. Aquelas duas semanas o haviam desgastado de maneira sutil e ele estava enfraquecido. Um tanto deprimido, parecia mais um homem derrotado; seu terno cinzento, de alto preço, encontrava-se amarrotado e por escovar. Contou-me sua história, de forma fragmentária e desordenada. Era advogado e possuía uma boa clientela que temia perder, embora nada indicasse tal fato. O primeiro casamento havia sido, conforme suas próprias palavras, um "desastre" e agora sua segunda esposa ameaçava pedir o divórcio.

"Pela mesma razão", declarou ele. "Toda vez que vejo desencadear-se uma crise familiar, sinto ímpeto de fugir e esconder-me. Posso defrontar-me com o mais duro juiz do mundo com a maior naturalidade. Mas quando minha família tem alguma dificuldade, saio correndo pela porta dos fundos. Não posso conter-me. O que quero é esconder-me."

Ele disse isso duas vezes. Fiz uma anotação e perguntei-lhe sobre seu casamento. A esposa, ao que parecia, era muito gastadeira. Ele ganhava muito bem, mas sentia que ela o estava fazendo trabalhar para levá-lo à morte. O fato de sua percepção da vida familiar não corresponder à realidade dos fatos era um sinal evidente de que sua atitude se relacionava a uma situação diferente, que, segundo eu suspeitava, ele encontraria no passado.

Então disse a segunda frase: "Não sei por que estou trabalhando, é inútil." O acontecimento do passado estava surgindo. Anotei essa segunda afirmativa, "é inútil", e pedi-lhe que deitasse e fechasse os olhos.

Olhou-me com dureza.

"Você veio aqui para resolver isso", disse-lhe. "Não fosse assim, você jamais teria me procurado."

Ele deu de ombros, e, relutantemente, deitou-se no divã e cerrou os olhos.

"Tomemos a frase: 'Não sei porque estou trabalhando tanto, é inútil.'"
"Ditei ao meu gravador, no escritório", admitiu ele. "Joguei fora a fita."
"Repita novamente."
"Não sei porque estou trabalhando tanto, é inútil."
"Repita: 'é inútil.'"
"É inútil."
"Outra vez."
"É inútil."
"Uma vez mais, por favor."
"É inútil."
"O que acontece? O que vê, ouve, pensa, sente?"
"Nada."

Ele trabalhou essa frase durante alguns minutos sem nada dizer. Tentei a frase: "Eu quero esconder-me", da mesma maneira sem resultado.

Alan, ali deitado, repetia continuamente a frase. Não pude avaliar bem sua reação. Estaria ele simplesmente desinteressado no trabalho ou verdadeiramente bloqueado? Em meu caderno de notas nada havia senão as duas frases que ele dissera. Subitamente, surgiu-me uma idéia. Pedi-lhe que repetisse a frase que havia proferido ao entrar.

"Tome a frase: 'já tentei tudo'", pedi-lhe. Seu corpo contraiu-se. Observei sua cabeça pender ligeiramente para a esquerda; em seguida relaxou de novo. "Já tentei de tudo, é inútil."

"O que acontece?", indaguei.

"Nada", replicou. Mas eu sabia que ele estava escondendo algo. Pela primeira vez ele visualizara o incidente, e advogados detestam perder uma discussão.

"O que mais você ouve, vê ou sente?", inquiri com energia.

Houve uma longa pausa. "Encontro-me em uma fazenda", revelou. "Em uma fazenda que se parece com um deserto."

Comecei a tomar notas. "Repita: 'tentei de tudo.'"

"Já tentei de tudo."

Eu sabia que a cena estava se delineando para ele, embora não estivesse seguro ainda. Eu agora tinha que deixar o incidente evoluir.

"Não chove", falou. "O clima mudou. Sempre tive muito êxito, mas no ano passado a colheita foi muito pequena. Neste ano não haverá nenhuma."

"O que vem em seguida?"

"Minha mulher está ficando maluca. Ela não vê que não temos condições de continuar vivendo como antes. Não faz o menor sacrifício. Já nos tomaram a casa. Estamos vivendo no celeiro. Já tentei de tudo, mas não chove. Estive na cidade para vender a fazenda, mas quem a compraria?"

A essa altura Alan ainda fazia uma narrativa, embora os acontecimentos fossem reais para ele. Então, subitamente, seu tom de voz mudou. Sua respiração tornou-se acelerada e a fala lenta. Prorrompeu numa profusão de detalhes.

"Este vento está me enlouquecendo. A terra não passa de pó. Redemoinha pelos cantos da casa e pelas árvores. Tenho um pano em torno da cabeça. Trabalhei tanto. É inútil."

Frase número dois. Repetimo-la quatro vezes. Pouco a pouco ele foi percebendo que essa era a mesma frase que utilizara ao referir-se à sua vida presente.

"Na frente da casa a poeira torvelinha por todo lado. Ninguém jamais a compraria."

Ao meio da frase ele parou. Seu corpo enrijeceu no divã e a cor fugiu-lhe da face. Suor formava-se em gotas sobre o lábio superior.

"Oh, Deus", disse baixinho. "Ela matou as crianças."
"Repita."
"Ela matou as crianças." Houve uma pausa de uns cinco segundos e então veio o restante, rapidamente, interrompido apenas por minha insistência para que repetisse cada frase relevante até que sua voz perdesse a intensidade.
"Ela apunhalou as crianças na frente da casa. Tenho um revólver na mão. As crianças estão mortas, encharcadas em sangue. Corro. Estou correndo para o celeiro. Lá está ela com um pano em volta da cabeça. Não consigo ver-lhe o rosto, mas noto que ela segura um facão à altura do peito. Não sei o que fazer senão acionar o revólver. Disparo. Ela cai a meus pés, coberta de sangue. Olho à minha volta. Nada vai brotar."

Eu sabia que havíamos atingido o alvo e descoberto a cena que estava afetando tanto a percepção de Alan relativamente às suas "crises familiares" da presente vida. Retornamos ao ponto em que ele descobrira as crianças e voltamos a trabalhá-lo, obtendo mais detalhes do sofrimento e do horror, o sangue sobre os corpos, a náusea que Alan sentira ao testemunhar a cena, os sons e a sensação da poeira nos olhos.

À medida que passávamos e repassávamos cada trecho do incidente, a desvinculação emocional de Alan foi gradualmente fazendo com que seus músculos relaxassem. Por fim, conseguiu descrever a cena com absoluta serenidade e objetividade. Só então prosseguimos até o final daquela existência.

"Estou levando o revólver à têmpora direita. Não sinto a menor hesitação em puxar o gatilho. Sinto-me feliz por escapar."
"Repita."
"Sinto-me feliz por escapar."
"Uma vez mais."
"Sinto-me feliz por escapar."

Ao descrever seu suicídio, Alan Hassler pendeu a cabeça para a esquerda. A bala entrara pela têmpora e se alojara atrás dos olhos.

A primeira ligação estava estabelecida. Não pedi a Alan que acreditasse que o que havia contado houvesse realmente sucedido. Se preferisse pensar que era tudo produto de uma imaginação subitamente desencadeada, seu tratamento poderia prosseguir nesse nível. Afinal de contas, a fantasia que uma pessoa desenvolve a seu próprio respeito pode revelar muito de si, de suas obsessões, temores e auto-imagem.

Alan Hassler, após recobrar totalmente a consciência, não soube bem onde estivera. Ele se considerava uma pessoa de pouca imaginação e um medíocre contador de histórias. Resolveu não dar, de pronto, qualquer interpretação à experiência de ter entrado em contato com ocorrências de uma vida anterior e, embora tivesse alcançado um perfeito exemplo de cena que seu inconsciente associava com a noção de "crise familiar", não ficou, é verdade, "curado". Durante os três meses subseqüentes Alan e eu investigamos muitas encarnações pregressas. Ele se espantou ao descobrir as curiosas e sutis ligações existentes entre suas encarnações passadas e a presente vida.

Mas foi esse breve e inesperado encontro que o persuadiu a prosseguir. À medida que o tratamento foi produzindo resultados, sua atitude em relação à terapia e à reencarnação de um modo geral foi mudando também. Somente após haver observado como o trabalho se desenvolvia foi que comecei a explicar como funcionava e o objetivo que eu esperava que juntos conseguíssemos atingir.

2. O MÉTODO

A forma de atuação da psicoterapia causa espanto a muita gente; fazer um paciente passar de uma condição de desespero para outra de esperança realística parece magia, impossível de compreender. Muitos preferem crer que isso não possa ser feito. Mas a maioria dos métodos de tratamento é baseada em princípios seguros e simples, não sendo a terapia de vida passada uma exceção. É um método terapêutico. Não está, de modo algum, associado ao ocultismo, exceto quanto ao fato de compartilhar da aceitação da possibilidade de reencarnação.

Como muitas formas de psicoterapia, a terapia de vida passada admite a existência de um inconsciente na mente humana. Freud e Jung descobriram que nossas piores dores, nossos mais profundos temores e traumas estão sepultados em nosso íntimo. Comumente não nos lembramos dos eventos que lhes deram causa, nem das conseqüências imediatas de tais acontecimentos. Somente as cicatrizes são observáveis na forma de problemas comportamentais. Mas os acontecimentos não desaparecem da memória; encontram-se gravados no inconsciente. O analista freudiano procura fazer o paciente regredir aos primeiros anos de sua vida, buscando localizar a fonte de seus problema atuais. Outros terapeutas, como Otto Rank, acreditam que os acontecimentos relacionados com o nascimento, e mesmo os dos nove meses no ventre anteriores ao nascimento, ficam registrados no inconsciente. A terapia de vida passada dá, simplesmente, o passo seguinte. Acreditamos que os acontecimentos de vidas precedentes podem produzir efeitos tão devastadores no comportamento atual de um paciente quanto qualquer coisa que lhe tenha acontecido nesta existência. Tais acontecimentos acham-se tão indelevelmente gravados no inconsciente quanto os eventos desta vida e são igualmente acessíveis para utilização em terapia.

O inconsciente funciona como um gravador. Registra e armazena indiscriminadamente todo e qualquer acontecimento que ocorra. Enquanto o nosso consciente pode recusar-se a reconhecer os fatos mais dolorosos ou apavorantes da vida, ou "entrar em estado de choque", o inconsciente nunca se oblitera. Seu banco de informações fornece ao consciente e à afetividade a base estrutural de toda a personalidade. Quando o inconsciente, ao ser acionado, começa a "voltar atrás", encontramos lembranças que se estendem bastante além dos limites desta existência. Os detalhes dessas lembranças formam os acontecimentos que um paciente revive durante uma sessão de terapia de vida passada. Nossa primeira tarefa em qualquer sessão, claro está, é obter a exposição dos acontecimentos: voltar atrás aos incidentes que o inconsciente gravou. Muitos psicólogos trabalham com o mesmo objetivo utilizando-se do hipnotismo e da sugestão, mas tenho constatado que esse método prejudica o paciente. Entrega ao terapeuta o controle necessário mas não faz com que se desenvolva uma atitude positiva para "apagar" o acontecimento no inconsciente. Quem deve fazer este trabalho há de ser sempre o paciente, não o terapeuta. Para conseguir isso, o paciente precisa estar plenamente consciente do que está sendo reproduzido e de como aquilo lhe afeta. Meu objetivo, portanto, é atingir o inconsciente sem afastar a presença do consciente. Iniciamos com uma simples observação, de minha parte, das frases mais freqüentemente usadas pelo paciente.

As frases

Todo homem ou mulher utiliza-se da linguagem de um modo particular. Cada um de nós tem frases que parecem ser guias em nossas vidas. Não me refiro aos lemas, às máximas de que gostamos de lembrar quando em estado de tensão, mas frases comuns que parecem aflorar num padrão corrente em nossa conversação cotidiana.

Quando um paciente me procura para tratamento, procuro levantar sua história médica e familiar, e discuto com ele seus problemas como ele os vê. Nessa fase, procuro ouvir determinadas frases que são repetitivas e que parecem deslocadas. Se um paciente menciona um constante estado de ódio e o expressa como: "Estou morrendo de raiva" ou "Fico vermelho de fúria", tomo essa frase como uma descrição literal de algo existente em seu inconsciente, algo problemático, que está tentando sair. Tomando tais frases como guias, procuro explorar o inconsciente pedindo ao paciente que se deite, feche os olhos, concentre-se e repita as frases que proferiu, até que algum tipo de quadro mental ou frase adicional surja. Nesse momento, a maioria dos pacientes teme fracassar, ser um "fiasco". Mas, quase sem exceção, a contínua repetição da frase conecta a mente do paciente com uma imagem, e a partir daí podemos trabalhar. Freqüentemente, quando um novo paciente consegue finalmente atingir a sua primeira imagem de vida anterior, a cena se desenvolve a galope, impressionando e quase abalando o paciente. Foi o caso de Alan Hassler ao defrontar-se com a crise familiar. Quando um cliente sente dificuldade em estabelecer contato pela primeira vez com um incidente de sua vida pregressa, geralmente algo está lhe refreando o inconsciente. Ele pode ter sido cego ou surdo no período daquele incidente que deseja atingir, ou ter inconscientemente associado aquela situação a algo profundamente sigiloso. Há métodos de conduta utilizáveis em tais "fracassos" em uma primeira sessão do paciente, mas raramente recorro a eles. Geralmente, após um momento de hesitação, o inconsciente se abre. Por vezes, a minha maior dificuldade depois disso é acompanhar o estravasamento das ocorrências que são apresentadas.

No decurso do mecanismo de revelação do passado, o paciente fica inteiramente cônscio do que ocorre e pode processar as informações que o inconsciente reproduz. É de suma importância que compreenda os princípios do processo e possa trabalhá-los por conta própria. Na seção desse livro que apresenta as histórias de casos, condensei ou eliminei os diálogos entre o terapeuta e o paciente que indicam o mecanismo de uma sessão. No intuito de elucidar o processo, antes de passar ao exame específico de problemas comportamentais, apresento as transcrições revistas de sessões realizadas com uma mulher de nome Ann Boyd. Essas sessões tiveram a duração de seis semanas no curso de seu tratamento.

A sessão

Ann Boyd era uma mulher alta, introvertida, de trinta e quatro anos de idade. Não era feia, porém sua timidez a tornava inabordável. Em certos momentos, seus olhos tornavam-se vagos e ela ajeitava levemente os cabelos próximos à orelha, com o auxílio do polegar e do indicador. Seu presente problema era o relacionamento com o sexo oposto. Era-lhe impossível manter um bom relacionamento com um homem. Fora casada com um alcoólatra durante dez anos, tendo-se divorciado recentemente, e posteriormente tivera várias ligações de curta duração. Queixava-se de dores durante o coito e de sentir um esmagador sentimento de culpa ao final de cada relação sexual.

"Os homens me abandonam e eu me sinto esmagada", disse-me ela. "Sinto-me como se estivesse sendo punida por um erro. Tenho a impressão de que homem nenhum poderá amar-me. É inútil."

Baseado nesse comentário, fiz em meu caderno as seguintes anotações: sexo doloroso, sendo esmagada, sendo punida, caso amoroso inútil. Essas anotações foram o ponto de partida das nossas sessões.

Doutor Netherton: Bem, deite-se. Feche os olhos e repita a frase: "Homem nenhum poderá amar-me." Repita, repita e diga a primeira coisa que vier à sua mente.

Ann Boyd: Eu não... Homem nenhum poderá amar-me...

N: Repita.

A: Homem nenhum poderá amar-me... Estou ouvindo.

N: Quando você ouve essa frase, quem você ouve dizendo-a? Uma voz masculina ou uma...

A: Feminina... Eu... onde estou?

N: Dentro ou fora de casa? Dê-me a primeira resposta que lhe vier à mente.

A: Fora.

N: O que você vê, ouve, sente?

A: Estou assustada.

N: Como se fosse acontecer o quê?

A: Estou caindo.

N: Ao cair, qual é a próxima coisa que vem em seguida à sua mente?

A: Estou grávida. É um terremoto, estou caindo num buraco. Há muito, muito tempo atrás.

N: O que você pensa, sente, vê, ouve?

A: Tenho apenas catorze anos de idade. Aquele padre engravidou-me. É inútil, nunca terei essa criança.

N: Repita.

A: É inútil, nunca terei essa criança.

A frase "é inútil" vinha controlando a vida de Ann até então. Quando atingimos frases como essa na vida passada, é necessário apagá-las do inconsciente do cliente. Peço a Ann para repetir a frase até perder toda ligação emocional com ela e perceber que se trata de uma referência do passado que não diz respeito ao presente. Ela deve repetir a frase até que toda a sua intensidade desapareça de sua voz. Isso geralmente ocorre após duas ou três repetições. Toda vez que nos depararmos com a frase "é inútil" no passado de Ann (pode haver centenas de ocorrências), iremos desligá-la dela. Pouco a pouco os resultados desse apagar vão se fazendo sentir.

N: O que você sente no corpo ao iniciar a queda? Vamos sentir o impacto e a dor, e observar o que você está ouvindo, vendo e pensando, enquanto acontece.

A: O chão está tremendo à minha volta. A terra está caindo em cima de mim. Estou começando a abortar à medida que vou caindo.

N: Ao atingir o chão, qual a parte do seu corpo que o toca primeiro? Onde sente essa dor?
A: No estômago. Vou perder a criança.
N: Prossiga.
A: Eu atinjo o chão. É duro. A terra está caindo no meu rosto. Está me esmagando.
N: Repita.
A: Está me esmagando.
N: Repita.
A: Está me esmagando.
N: O que você percebe agora?
A: Peso no meu peito. Uma pedra está caindo sobre meu peito.
N: Tudo bem, ao sentir essa pedra cair, diga-me exatamente o que está acontecendo.
A: Sinto o impacto. Agora estou sentindo uma dor aguda. Algo está se fincando na minha costela. Dói. Dói. Dói.

Repetimos essa cena com todos os seus pormenores, dando atenção especial a toda dor física, porquanto muitos dos atuais problemas emocionais de Ann são retornos a incidentes como aquele que está relatando.

É importante que ela sinta efetivamente a dor ocasionada pelos objetos físicos que a "esmagam", de modo a poder desligar-se do "esmagamento" emocional a que freqüentemente se refere nesta vida. Uma vez que experimente intensamente a dor sofrida por ocasião desse terremoto, precisa desligar-se e prosseguir, deixando a dor definitivamente para trás.

A: Oh! Dói-me o estômago, todo o meu corpo dói, principalmente daqui para baixo (ela aponta para a região entre as costelas e a pélvis). Estou começando a sentir cãibras.
N: Bem, onde estão as pedras agora?
A: No meu rosto. Oh! Minha criança, minha pobre criança. Gostaria de poder aliviar a dor de minha criança.
N: Muito bem, qual a próxima coisa que está acontecendo?
A: Estou começando a morrer agora.
N: Pois bem, deixe que a morte aconteça. Siga sentindo o seu acontecimento.
A: Não posso. Está doendo.
N: O que você está sentindo?
A: A dor; meu abdômen e a parte inferior das costas ainda doem.

Quando noto que o paciente não consegue experimentar o desenrolar de sua morte, sei que não eliminamos de forma completa o sofrimento e o trauma causados pelo incidente. Por vezes, simplesmente deixamos passar um momento traumático importante na cena que o cliente descreve. Mais freqüentemente, o paciente está ligado a uma cena anterior daquela mesma existência e não quer "morrer" sem apagá-la. Por essa razão, é preciso freqüentemente saltar para trás do instante da cena de morte, para colher acontecimentos traumáticos que a antecederam. Esse era o caso de Ann.

N: Muito bem, vamos tornar-nos conscientes de como a dor a atingiu. À medida que pensar nos dois lugares que lhe doem, observe o que está acontecendo nesses lugares relacionados com a dor.

A: Quando aquele homem me estuprou, doeu muito. Ele é padre e toda gente pensa que é uma boa pessoa.

N: Bem, retorne à cena do estupro. Vejamos exatamente o que aconteceu.

A: Ele está me derrubando. Ele mantém uma faca bem aqui (ela aponta para o peito). Estou confusa. Não entendo, não posso ver nada.

N: Prossiga e diga-me o que você sente em seguida.

A: Não sei, talvez Deus esteja me punindo?

N: Você ouve alguém dizer isso?

A: Sim, ela está dizendo: "Deus vai castigar você."

N: Repita.

A: Deus vai castigar você.

N: Quem está dizendo isso?

A: Alguém está assistindo.

N: Quem?

A: Uma freira. Ela está dizendo para ele. Oh! Meu Deus, meu Deus, ela está dizendo para ele.

A essa altura Ann começou a tremer incontrolavelmente, tomada de alguma forma entre risos e lágrimas. Durante muitos anos ela vivera sob uma nuvem de culpa, causada pelo mandato inconsciente: Deus vai castigar você. O fato de as palavras jamais terem sido dirigidas a ela mas a seu agressor foi uma revelação. Na situação do estupro, Ann (qualquer que tivesse sido seu nome naquela vida) estivera em choque, seu consciente na iminência de uma parada e toda a ocorrência sendo gravada, palavra por palavra, no seu inconsciente. Durante toda a vida ela havia tido um vago sentimento de que iria ser castigada, de que deveria ser castigada. A revelação súbita foi demasiada para ela. Repetimos a situação diversas vezes, após o que contemplei uma pessoa diferente deitada no divã. As tensões musculares que marcavam seu rosto desde que a conhecera haviam desaparecido. Seus olhos, que sempre me haviam parecido estar procurando um lugar em que ela pudesse esconder-se, achavam-se claros e em estado de repouso. Ela retomou o fio do estupro facilmente.

A: Ele não se incomoda com o fato de ela dizer-lhe isso. Estou muito confusa. Minha cabeça está machucada. Oh, agora ele está me penetrando... movimenta-se... Não sinto muito... seco... torpor. Então ele coloca na minha boca.

N: Deixe que o inconsciente prossiga com a experiência, prossiga.
A: Eu vou lhe mostrar, eu vou lhe mostar... eu vou lhe mostrar. Detesto o gosto e o cheiro. Estou embaraçada.
N: Continue e prossiga passando por isso. Qual a próxima coisa chegando agora?
A: Ele bate-me atrás, põe-me de pé e diz: "Agora vá embora daqui."
N: O que vem em seguida?
A: Estou agachada do lado de fora de um edifício, esperando a minha vez de ir embora. Isto é diferente, penso. É tarde... sei que estou grávida. A terra começa a abrir-se. Sinto que Deus está me castigando. Estou perdida. Homem nenhum poderá amar-me.
N: Repita.
A: Homem nenhum poderá amar-me.
N: De novo.
A: Homem nenhum poderá amar-me... Agora é minha chance de correr livremente. Estou correndo, correndo por um campo coberto de relva. O cheiro é delicioso. Gosto do cheiro do pólen, da grama recém-cortada; é o meu odor favorito; é liberdade; o céu está tão azul, mas ela está se abrindo em pedaços, a terra está se abrindo à minha volta, estou correndo, correndo ao vento, sem fôlego, há um milharal à minha frente, é belo, dourado...
N: A terra.
A: Está se abrindo, tenho a sensação de cair onde quer que ponha os pés, tenho medo de cair, estou em paz, sei que vou morrer logo. Agora estou caindo no buraco.

Aqui, retornamos à cena da morte, na expectativa de haver eliminado qualquer trauma que estivesse impedindo Ann de abandonar essa vida passada. Mas há algo mais que precisamos trabalhar.

N: Muito bem, ao cair no buraco, você está ligada a qualquer daquelas coisas que trabalhamos anteriormente?
A: A terra no meu rosto.
N: Onde está a terra agora?
A: Na minha boca. Uff! Parece estrume. É nojento.
N: Bem, o que está acontecendo agora?
A: Estou no buraco, as pedras à minha volta.
N: Certo, o que vem a seguir?
A: Estou ouvindo.
N: O que você está ouvindo?
A: Minha mãe.
N: O que ela diz?
A: Agora ele jamais a amará.
N: De novo.

A: Ele jamais a amará.
N: Uma vez mais.
A: Ele jamais a amará.
Precisamos retroceder novamente para reproduzir uma cena anterior nessa existência. Esse jogo de ir para frente e para trás cronologicamente é comum no trabalho sobre as vidas passadas; o inconsciente parece liberar incidentes numa seqüência ilógica; um disparando outros numa série de fogos de artifício num só rastilho. Uma imagem ou frase momentânea de uma cena leva o foco para outra cena inteiramente diferente.

É importante para o terapeuta trabalhar cada uma das cenas à medida que elas aparecem. Deixaremos a cena da morte de Ann tantas vezes quantas ela encontrar lugares onde queira conduzir-me, retornando sempre no final à extrema dor e ao trauma da morte.

Quando percorremos os fatos inerentes ao falecimento, trabalhamos novamente toda a existência, colocando-a em ordem cronológica e pesquisando outros incidentes que o paciente possa encontrar.

N: Qual é a próxima coisa relacionada àquela?
A: Há um rapaz que prometeu casar-se comigo.
N: Repita.
A: Há um rapaz que prometeu casar-se comigo. É um amigo meu. Costumamos passear juntos e conversar. É a única pessoa a quem contei que estou procurando aprender a ler e a escrever. Minha mãe disse-me que não deveria aprender a ler e escrever. Minha mãe está dizendo: "Ele jamais se casará com você, você está perdida."
N: Muito bem. Isso se dá antes ou depois do estupro?
A: Depois.
N: Bem, o que vem a seguir?
A: A terra na minha boca. Estou dentro do buraco. Isto tudo acontece muito rapidamente. Não sinto tanto. Estou triste, mas não sinto tanta dor. Estou, talvez eu esteja em estado de choque.
N: O que está sentindo?
A: Estou triste pelo bebê. Eu gostaria de tornar-me adulta e ter um homem que me levasse.
N: Repita.
A: Eu gostaria de tornar-me adulta e ter um homem que me levasse. Gostaria de ter depois uma criança... não agora. Ainda estamos morrendo juntas. Sinto o peso. Não estou sequer lutando para sair de debaixo da terra. Sei que é inútil.
N: Repita.
A: Sei que é inútil.
N: Repita.
A: Sei que é inútil. Agora estou morrendo. Desisti. A dor cessou. Não sei o que aconteceu.

N: Você está morta?
A: Acho que sim. Já não estou mais lá.
N: Bom, tudo bem, vamos explorar todo esse incidente. Você pode vê-lo todo?
A: Sim.
N: Já está tudo em ordem agora, para você não mais se ligar a esses acontecimentos?
A: Sim.
N: Muito bem, deixe agora que seu inconsciente se movimente para onde ele bem entender. Vejamos onde os reforços desses padrões entram.
A: Estou sendo enforcada. Tenho uma venda nos olhos, mas de algum modo consigo ver, pelo menos sei o que está acontecendo. Acho que estou cega, talvez eu tenha ficado cega antes... há uma fogueira pronta para ser acesa.

Aqui, Ann depara com uma outra vida, uma existência em que vê muitos dos mesmos padrões, embora as circunstâncias sejam diferentes.

N: Vamos, diga a primeira palavra ou pensamento que lhe vem à mente.
A: É inútil.
N: Você está pensando, ou há alguém dizendo isso?
A: Vejo um rapaz, ele deveria casar-se comigo... ele está me traindo. Quero chorar mas não posso, acho que, se ao menos pudesse chorar antes de morrer, sentir-me-ia melhor. Não posso, estou me sentindo abafada. Estou sufocando em minhas próprias lágrimas...
N: Bem, vamos prosseguir a partir daí. O que está sentindo?
A: A corda em volta do pescoço está me machucando.
N: Descreva isso.
A: É áspera, nunca pensei que a pele do meu pescoço fosse tão delicada, tão macia... Dor no peito... a corda apertada... estou ouvindo muitos gritos agora.
N: As palavras exatas.
A: "Deus castigará você... Deus castigará você... Deus castigará você."
N: E em seguida...
A: Eles têm um livro, um livro que fala de bruxas... é preto... olham para o livro e dizem que sou uma bruxa.
N: Prossiga.
A: Há um homem, esse rapaz que vejo na multidão... estou enxergando pouco... ele me beijou... prometeu-me que voltaria para levar-me e casar-se comigo. Contei tudo à minha mãe e ela me disse que ele jamais teria a coragem de fazer isso. Ele se casará com a mulher com quem deve casar-se... Sua noiva mandou que seus homens me prendessem, ela diz que sou uma bruxa...

N: Onde está você quando eles vêm buscá-la?

A: Sou domadora de feras... os animais comem da minha mão... há um lobo que me segue por toda parte... eles todos gostam de mim... comem da minha mão. Há um lobo que me segue por toda parte... eles todos gostam de mim.

N: O que acontece com esse homem e sua noiva?

A: Ele disse a ela que queria casar-se comigo. Ela me acusou de ter preparado uma poção para roubar-lhe o amor que ele lhe tem. Os homens acreditam nela, não em mim... levam-me embora. Isso é na Alemanha... na Floresta Negra... *Walder*, a palavra alemã que significa floresta. Vejo uma baía...

N: O que está acontecendo agora?

A: Estamos em uma pequena barraca... eles amarram minhas mãos atrás das costas... estão apertando a corda... estão acendendo a fogueira...

N: Continue daí agora.

A: Minhas costelas estão quebradas pelo aperto da corda, eles a estão apertando ainda mais... ela está me esmagando, esmagando minhas costelas.

N: Procure sentir os males que estão sendo causados.

A: Males aos meus pulmões... Estou esmagada.

N: Repita.

A: Estou esmagada.

N: Uma vez mais.

A: Estou esmagada.

N: O que sente em seguida?

A: Desesperançada. Ele jamais me amará. Jamais poderei viver como uma mulher normal.

N: A próxima coisa de que você está consciente...

A: Tenho medo, estou sendo queimada. Espero que eles quebrem o meu pescoço antes, assim não terei que sofrer. Sinto o calor, ponho-me a gritar. Preciso sair daqui. Não agüento mais. O fogo sobe envolvendo-me.

N: O que está sentindo agora?

A: Pouca coisa, estou muito preocupada com as queimaduras. Estou morrendo finalmente. Sinto-me aliviada.

N: Se você estivesse gritando, que palavra ouviríamos?

A: Nenhuma. Estou morrendo. Estou deixando o corpo, estou consciente de estar partindo... abandonando-o. Sinto intenso desejo de descansar.

N: Ao deixar esse corpo em que foi queimada e enforcada, leva algo consigo?

A: Alguma coisa... enquanto queimo, ainda tenho ódio do homem que deveria casar-se comigo. Ele me abandonou num momento tão crucial.

43

N: Observe a forma como você reprisa tudo isso. Os homens com quem você se relaciona nesta vida a abandonam nos momentos mais cruciais. Tudo bem, você está fora desse corpo no momento, sem nenhum apego?
A: Sim.
N: Tudo bem. Conte-me a próxima coisa que se passa relacionada com aquilo. Qual a primeira coisa que observa?
A: Ela está triste.
N: Repita
A: Ela está triste. É minha mãe. Está deitada, na cama, mas não se sente confortável.

Aqui Ann atingiu um incidente que teve lugar no período pré-natal da presente existência. Esse é um momento muito importante de sua sessão. As vidas pregressas que todo paciente revive parecem ter temas comuns. No caso de Ann, cenas recorrentes de esmagamento e de traição. A gravação dos temas que governam a vida do paciente é feita durante o período pré-natal, nascimento e primeira infância dessa vida. É bem possível que Ann tenha vivido uma série de vidas calmas e passado por muitas mortes naturais, relativamente sem sofrimento, porém, se nada na sua fase pré-natal, de nascimento ou da primeira infância reestimular essas vidas, ela jamais será influenciada por elas ou mesmo as lembrará.

Nenhum incidente de vida passada é totalmente apagado até que encontremos o incidente pré-natal, de nascimento, ou da primeira infância que o reestimulou. Por tal razão, quase toda sessão termina com uma investigação nessas áreas.

N: Reproduza exatamente o que você está ouvindo. Se ela estivesse falando em voz alta, o que ouviríamos?
A: Ela está deitada de costas, mas sente o grande peso do bebê. Sente como se estivesse sendo esmagada, e vira-se para o lado.
N: Em que está ela pensando agora?
A: "Estou grávida. É inútil. E de um homem a quem não amo. Somos ambos grandes e desajeitados, e o bebê também será assim. Ninguém irá amá-lo."
N: Repita.
A: Ninguém jamais irá amá-lo.
N: Certo. O que vem a seguir?
A: Aperto. Uma compressão nas minhas costas. E aquele esmagamento outra vez. O mesmo esmagamento. Uma voz dizendo "lindos olhos grandes", mas tudo o que sinto é essa pressão. Não consigo respirar. Está melhorando agora, mas estou assustada. Está melhorando. Está muito claro. Estou assustada. É a sala de parto. Acabo de chegar.
N: Bem, você sente nesse momento alguma ligação com qualquer das coisas com que viemos trabalhando? Vê, ouve, sente algo que a mantenha vinculada a esses incidentes?

A: Não.
N: Certo. E o que sente agora?
A: Muita calma. Muito... (aqui ela abre os olhos). Sinto-me ótima. Muito tranqüila.
Nesse ponto, Ann encontra-se de novo plenamente no presente. Seu inconsciente havia refluído. A sessão estava terminada. Ao final de cada encontro, costumo trocar idéias com o paciente a respeito das ligações existentes entre os incidentes pré-natais e do nascimento com os da vida passada que tenha revivido. Por ocasião da sessão acima, Ann estivera em tratamento o tempo suficiente para que pudesse, ela própria, estabelecer as associações.

Quando um feto se desenvolve, é totalmente controlado pelas emoções da mãe que o traz no ventre. Assume os sentimentos da mãe como próprios. A idéia da mãe de que está sendo esmagada pelo peso do feto em desenvolvimento equivale a que o próprio feto pense estar sendo esmagado. Esse incidente provocou a cena de estar sendo sepultada viva, como também a passagem pelo canal de nascimento, em que o bebê teve uma opressiva sensação de estar sendo esmagado pelas paredes vaginais.

O reavivamento do estupro cometido pelo padre é algo mais difícil de entender sem uma melhor compreensão da importância das frases. Na vida anterior, a mãe de Ann reagira ao estupro dela dizendo (com referência ao noivo): "Agora ele jamais irá amar você." Essa frase enfocara o trauma do estupro para Ann. Na fase pré-natal da sua vida presente, sua mãe atual pensara: "Ninguém jamais a amará." O confronto dessas duas frases, ambas proferidas pelas mães, as duas trazendo as mesmas implicações traumáticas e constituídas de palavras similares, reavivaram o incidente do estupro. Na sua vida atual, o estupro vinha sendo revivido inconscientemente toda vez que ela tinha relações sexuais, ocasionando-lhe dor, frustração e subseqüente sentimento de culpa.

Todo novo relacionamento de Ann fazia imediatamente aflorar esse emaranhado de desesperança e desespero. A frase que constantemente repetia, "é inútil", havia se tornado uma profecia que se cumpria por si mesma.

Dentro de um espaço de tempo extremamente curto, a inutilidade começou a evaporar-se. Na semana seguinte Ann chegou cedo ao meu consultório. A transformação por que passara lembrou-me uma daquelas cenas românticas dos filmes de Hollywood em que as garotas vampirescas, ao retirarem os óculos, transformam-se subitamente em beldades estonteantes. Seu andar era mais confiante e suas roupas mais vistosas, o modo de falar mais liberto e o sorriso mais amplo. Eu sabia a razão disso: superado o trauma do estupro, ela tivera pela primeira vez na vida prazer com um relacionamento sexual. A transformação era bastante radical, embora ainda não total. Apesar de não mais sentir dor durante o ato sexual, Ann tinha muito a fazer no sentido de melhorar sua auto-estima. A terapia de vida passada é uma técnica muito orientada pelos problemas. Tomamos cada sintoma e o trabalhamos especificamente. Nenhuma sessão culmina com um pleno equilíbrio subitamente experimentado pelo paciente; ao contrário, conseguimos o equilíbrio descamando um a um os problemas do cliente. Na medida em que eles vão desaparecendo, galgamos um degrau no sentido da segurança e da saúde.

O método

Do que foi relatado acima, pode-se observar que há quatro elementos decisivos presentes em uma sessão de terapia de vida passada: são a espinha dorsal do método. O primeiro é a solicitação de dados ao inconsciente enquanto o consciente permanece presente. O fato de o inconsciente comunicar-se voluntariamente, e não por indução hipnótica, permite ao cliente ver claramente onde se encontra na medida em que revive suas experiências. Segundo, a reconstituição cuidadosa de sofrimentos e traumas emocionais é fundamental. Colho informações acerca da morte do paciente, detalhe por detalhe, devendo ele perpassar ativamente cada experiência de morte. Cada incidente deve fluir do inconsciente exatamente como é introduzido. Somente sentindo agonia alguém pode desligar-se dela.

Eventualmente, à proporção em que revive o trauma, o paciente vai utilizando a frase que desencadeou a origem da lembrança do incidente, a frase com a qual iniciamos a sessão. Pode encontrar diversas variantes dessa frase. Toda vez que a profere, faço com que a repita várias vezes até que se desligue do trauma a ela associado. Esse processo de repetição e desligamento é o terceiro passo. A repetição de uma frase como "é inútil" leva o cliente ao enfoque do modo como o passado afeta o presente. Na primeira vez em que a frase é citada, o paciente mal toma consciência de sua relação entre o passado e o presente. Da segunda vez, sente a emoção gerada pela frase. Na terceira repetição, a voz torna-se neutra, destituída de emoção, preponderando um sentido de perspectiva.

Ao final da sessão investigamos o período pré-natal, a experiência do nascimento e a infância, buscando acontecimentos e frases que desencadearam as experiências relativas à respectiva vida pregressa. Esse é o quarto e último elemento.

O tema de cada sessão é determinado por qualquer problema que o paciente apresente ao chegar em meu consultório. Invariavelmente, quando explorado, o problema leva-nos de volta aos mesmos padrões que encontramos na infância, estendendo-se regressivamente ao nascimento e ao período pré-natal.

O tempo médio de uma sessão é de duas a duas horas e meia, e a duração do tratamento é geralmente de três meses, com sessões semanais. Alguns clientes retornam posteriormente de vez em quando, porém nenhum deles permanece comigo em tratamento diário por anos a fio.

Meu trabalho está relacionado com toda a gama dos problemas comportamentais humanos, desde inadaptações sexuais e fobias graves até aqueles que podem parecer de menor importância, tais como resfriados crônicos, enxaquecas e gagueira. Já tratei de casos fora do âmbito normal da psicologia clínica, como câncer (vide capítulo 12) e epilepsia (vide capítulo 5), com os quais obtive êxito.

Ao apresentar a seguir, em pormenores, alguns casos, espero trazer a terapia de vida passada à luz, bem como proporcionar alguma compreensão quanto à própria natureza dos males. O leitor há de notar que a terapia não realiza qualquer cura milagrosa e que, tampouco, sou um "curador paranormal" em sentido algum do termo. O paciente é responsável por sua própria melhora. Pode ele, mediante um intenso trabalho e concentração, deixar seu passado para trás e impedi-lo de interferir no presente, possibilitando assim que toda a força do seu potencial humano se concretize.

II
Trabalhando com Casos

Acredito que, até certo ponto, toda doença tenha início na mente. Esta seção, dedicada ao histórico de casos, tem por objetivo enfocar tal assertiva. Começa por um exame de claustrofobia, distúrbio geralmente considerado como "puramente mental", e termina com um caso de câncer cervical incipiente, um mal que a maioria dos médicos afirmaria ter natureza totalmente fisiológica. Passando de um extremo a outro, tentei mostrar o modo pelo qual o inconsciente comanda o corpo nas disfunções.

Em alguns capítulos desta parte do livro transportei o conteúdo do trabalho de várias sessões para uma imediata justaposição, visando esclarecer certos problemas ao leitor. Cada caso representa os incidentes de muitas sessões. Se, por vezes, transmito a impressão de que o problema de um cliente desapareceu após uma ou duas sessões, é conseqüência dessa justaposição, e não porque a terapia de vida passada produza milagres. Em sua maioria, cada um dos casos apresentados nesta seção representa de dois a três meses de trabalho.

3. CLAUSTROFOBIA

Corey Hopkins

O homem e a mulher normais sofrem de um conjunto de pequenos temores. Eu diria que ninguém está inteiramente livre deles. Para a maioria, eles não atrapalham a existência, embora possam ser um pequeno inconveniente. Algumas pessoas sentem desagrado em atender ao telefone, comprar roupas, dirigir, ou efetuar outras atividades necessárias. Encontramos casos um pouco mais sérios de pessoas que não ingerem certos alimentos ou não permanecem em lugares cheios de gente. Convivemos com essas fobias porque é menos trabalhoso tolerá-las do que tratá-las. Algumas pessoas, entretanto, sentem temores a ponto de começar a manifestar sinais de pânico quando se encontram em lugares fechados, ou quando são forçadas a olhar de grandes alturas para baixo. Freqüentemente, precisam reajustar suas vidas drasticamente para se adaptar aos seus medos. O negociante que não pode ter uma reunião acima do quarto andar de um edifício, a dona de casa que não sai de modo algum por receio de ser esmagada num ônibus lotado, estão vivendo existências perturbadas. Costumam então procurar um terapeuta para ajudá-los.

Tais pessoas tendem a ficar totalmente confusas. Ao contrário dos que sofrem de úlcera ou enxaqueca, e que normalmente percebem estar seu problema ligado a estados nervosos ou de tensão, o paciente de fobia não tem idéia da razão pela qual ele é tão suscetível ao pânico. Nada nesta vida parece ser a causa do problema. Para esses pacientes, a terapia de vida passada pode ser extremamente eficaz.

Claustrofobia é usualmente definida como um temor mórbido de ser esmagado num espaço pequeno, estreito, ou confinado. Entretanto, o paciente comumente apresenta uma larga faixa de sintomas. Quando Corey Hopkins narrou sua situação na primeira consulta, descreveu-a como um estado constante de "ser empurrada e apertada", "impossibilitada de respirar" e "envolvida numa confusão". Ela nunca mencionou, especificamente, um espaço apertado, confinado ou estreito, mas, ao descrever sua vida diária, tornou-se claro que vivia com medo de ser esmagada; mesmo em lugares abertos ela tinha, freqüentemente, a sensação de pânico, relacionada a "paredes fechando-se".

Tinha vinte e quatro anos de idade, com um rosto sobremaneira angular e uma boca grande. Tinha uma personalidade espontânea, quase rebelde, que devia ser atraente aos homens, embora sua vida romântica fosse infeliz. Manifestava uma timidez quase obsessiva pelas proporções de suas coxas e quadris, os quais talvez tivessem alguns quilos a mais do que deveriam, mas, certamente, dentro das medidas normais. Entretanto, ela não acreditava nisso e sentia que a preocupação estava prejudicando sua vida social. Durante a entrevista inicial, disse estar "envolta em gordura" e "empurrada para baixo pelas (suas) coxas gordas".

Corey era filha de um alcoólatra e de uma mãe conservadora e altamente religiosa; sentia-se pressionada pelos dois. A tensão familiar chegara ao máximo em conseqüência de um relacionamento iniciado com um negro, veterano da guerra do Vietnã. Ela mesma não sabia explicar essa ligação, reclamando que, freqüentemente, o homem a tratava com violência e parecia usá-la, principalmente para compensar seu enfraquecido senso de autoridade. A despeito de sentir-se tratada "como um objeto", Corey parecia não poder largar esse homem e se considerava casada. Sua atitude submissa provocava-lhe alguns distúrbios e grandes angústias.

A empresa para a qual Corey trabalhava fechara e ela precisara organizar a limpeza. Quando narrou o trabalho, comecei a perceber a delicadeza da sua situação. Nas transcrições abaixo, eliminei minhas perguntas de rotina e coloquei as respostas de Corey na forma de parágrafos. Isso foi feito para a conveniência do leitor, nada de importante tendo sido deixado de lado.

"Era uma desagradável confusão. Olhei em volta para todos os papéis, caixas e pastas e realmente comecei a tremer. Pensei: 'Meu Deus, nunca ficarão novamente direito, nunca colocarei as coisas em ordem.' Sentia-me como sendo espremida pela confusão. Algumas vezes, tive que deixar a sala para uma caminhada, e, mesmo assim, me surpreendi segurando minha respiração até quase desmaiar. Não conseguia me agüentar em pé."

Pedi a Corey para deitar-se e deixar que a sensação de estar sendo empurrada e o pânico de não poder respirar passassem pela sua mente. Eu repeti as sensações que ela me descrevera algumas vezes. "Se você está sendo acotovelada, empurrada, se você está ofegante, onde você está? Ouve vozes? Uma frase, uma palavra?"

Um olhar interrogativo apareceu no rosto de Corey, enquanto ela pronunciava a frase: "Bem, esta é minha casa. Eu imagino que terei de viver aqui."

A frase surgiu repentinamente e não tinha nenhum sentido particular no contexto de nossa conversação. Achei que Corey havia encontrado algo que podia ser trabalhado, embora não soubesse o quê.

"Quem está dizendo isso?", perguntei.

"Eu... Ninguém está dizendo isso, acho que estou pensando isso... Um homem me segura pelos ombros. É ele. Ele está dizendo... 'Esta será sua casa, você a usará.'"

"Onde está você?"

"Estou olhando para um grande engradado. Não tão alto quanto eu e... Oh, meu Deus, isso é o que ele está dizendo. Este grande engradado. Eu terei que viver nele. Ele está abrindo a porta e me empurrando. Eu caio dentro. Ele bate a porta atrás de mim, e posso ouvi-lo indo embora. 'Divirta-se.' Ele está dizendo isso tão friamente, como se... nada significasse para ele."

Corey descreveu claramente o formato do engradado, mas não pôde dizer nada a respeito de sua aparência, uma vez que estava em total escuridão. Suas tentativas de abrir o engradado foram inúteis.

"Eu começo a gritar e bater meus pulsos, mas estou completamente só, a imagino. Eu me abaixo num canto, encurvada; não há maneira de esticar meu corpo aqui, em nenhuma direção. Eu me encurvo num canto chorando. Horas e horas até que, finalmente, há uma réstia de luz. Eu pulo e começo a esmurrar, mas é o sol. O sol está nascendo. Eu não sei há quanto tempo isso está ocorrendo. Estou batendo e abaixando e me levantando e batendo novamente. Não posso descansar, e nisto... meus membros estão tremendo. É pânico."

Corey lembrou-se de que alguém trouxera-lhe um pão e um copo de água e a puxara para fora do engradado onde ela havia, evidentemente, passado a noite. Um homem, forte, uniformizado, a levara com um grupo de outras mulheres para um banheiro público circular. Foi aqui que eu, finalmente, percebi a verdadeira situação de Corey.

"Eu sou... preta. Eu sou preta. Com uma marca no ombro esquerdo. Eles estão nos fazendo marchar em volta desse local, pulverizando-nos com esguichos, e há... sete, eu penso... sete corredores saindo deste local, como raios de um círculo. Mais e mais mulheres estão chegando, mas faz bem caminhar. Estou me esticando, finalmente, e sinto como se pudesse caminhar para sempre. Sou uma escrava, mas não sei onde. Fui vendida a um homem para serviço doméstico, mas tudo que ele queria fazer era usar-me sexualmente, violentar-me. Ele me perseguia, mas eu me negava e agora estou aqui. Não sei por quê, talvez eu tenha sido vendida. Há muitas de nós agora e eu reduzo o passo. Imagino que estejam nos exercitando, mas está muito lotado; mulheres estão aparecendo dos corredores e eu não posso me mover."

Enquanto Corey descrevia a multidão se ajustando ao redor dela no banheiro, começou a se remexer desconfortavelmente no meu sofá, manifestando sinais de aproximação de pânico. Suas costas arquearam-se repentinamente e seu envolvimento com a experiência pregressa tornou-se total.

"O que está acontecendo?", perguntei.

"Esta garota pisou no meu pé e eu a empurrei. Estou dizendo: 'Dane-se, deixe-me sozinha, afaste-se de mim.' Agora elas estão brigando, há uma confusão começando; estamos todas balançando e os homens estão rindo, olhando, mas não sei o que fazer. Estou tentando sair. Há todos esses corpos e eu estou entre eles. Estou tentando sair, por cima, mas estou sendo arrastada para baixo. Alguém... todas prendendo minhas pernas e puxando para baixo, agarrando-me pela cintura."

Esta última afirmativa, que parece bastante simples e sem significado, é o tipo de pista que um analista treinado em terapia de vida passada seleciona do restante da cena. Os receios indevidos de Corey a respeito do peso de suas coxas e quadris ligavam-se, de alguma forma, ao seu pânico claustrofóbico através do pânico da vida passada, causado por ela ter sido arrastada no meio da multidão pela cintura, quadris e coxas. Ela continua:

"Os homens divertiam-se; agora estão estalando chicotes para nos reunir em fila. Estamos olhando ao redor, enquanto eles gritam, e então há um silêncio. A mulher que empurrei está apontando para mim e gritando 'Foi ela'; dois homens me amarraram. Alguém atrás de mim, muito calmo, um homem, diz: 'Coloquem-na na caixa quente.' 'Oh, Deus, de novo não, de novo não.'"

Corey foi colocada novamente no engradado por um período de tempo indeterminado. Ela lembrou-se da luz vindo e voltando, enquanto os dias passavam. Era fora forçada a evacuar no seu minúsculo cubículo. Morar em sua própria sujeira tornou-se insuportável. Tentava prender a respiração por longos períodos de tempo, mas era obrigada a respirar o fétido e repulsivo ar à sua volta para sobreviver. Uma vez mais chegamos a um sintoma atual. Quando limpara seu escritório "desarrumado", Corey sentira dificuldade de respirar. Todas as reações fóbicas de Corey estavam associadas ao que muitas pessoas considerariam normal, vinculadas a experiências tais como as que descrevera. O fim de sua vida de escrava provou ser um clássico pesadelo claustrofóbico.

"Eles nos puseram num barco, centenas de nós, embaixo, no porão. Aquele mesmo terrível mau cheiro, as lamentações e o escuro, escuro, dia e noite. Então há uma luz em cima, ela está cegando. Não é, provavelmente, muita luz, mas faz muito tempo que não vejo nenhuma, e um homem está gritando: 'Tragam-nas para cima! Tragam-nas para fora.' Eu não sei o que está acontecendo, há um estrondo, como uma explosão, mas é madeira estalando. A água começa a jorrar de baixo para cima. Meu Deus, a água. Nós estamos nos contorcendo, desesperadamente. Eu não tenho controle, eu não posso mover meus braços e pernas... é terrível... fora de controle e a água subindo, eu posso vê-la. Isso é tudo para mim, está queimando meus pulmões, uma sensação de queima. Não é como se estivesse molhado, apenas me queimando, eu desfaleci. Desfaleci."

"Você está saindo do seu corpo?"

"Sim", disse ela. "Eu não estou mais lá. Todo aquele naufrágio apenas flutua abaixo de mim."

"Onde está você agora?"

"Numa cabana. Um clima quente... anos atrás, eu não vejo nada que reconheça. Este deve ser um povo muito primitivo."

Corey descreveu uma vida que, com toda probabilidade, ocorrera antes de sua vida como escrava. Ela de nada se lembrou a respeito dessa vida, a não ser o seu fim. No momento em que se sentara em sua cabana, ressentida pela ausência de seu marido e filho, que estavam caçando, um terremoto ocorreu na área e Corey pulou para fora da estrutura em ruína.

"Mas o chão está rompendo e... me pegou. Eu estou afundando e a terra rolando sobre mim, levando-me para baixo, puxando-me, enquanto esperneio e subo. Estou sendo puxada com força... e afundando. Tudo que havia ao meu redor está sobre minha cabeça e meu rosto. Eu nunca respirarei, nunca. Não posso respirar. Eu estou ofegando... Estou ofegando... Nenhum ar."

Novamente repetimos a cena até que Corey conseguisse encontrar o controle das emoções do incidente da morte, do pânico sufocante. A tentativa de fuga de uma estrutura se rompendo (como no seu escritório) levou ao fatal puxão das coxas e quadris.

Esse incidente confirmou o padrão claustrofóbico, a ameaça contínua do confinamento inesperado, centralizado especialmente nos quadris e coxas. Uma parte muito pequena da descrição de Corey provou ser esse o ponto inicial da segunda fase da sua terapia. Ela tinha afirmado que momentos antes do terremoto, sua emoção mais forte fora de ressentimento para com seu companheiro. Ele tinha ido caçar e a deixara sozinha. Embora não mencionasse isso, ela estava obedecendo a vontade dele ficando em casa. Em sua vida de escrava, ficara à mercê de um grupo de homens que determinavam quando devia ser punida e quando podia caminhar livre. Começando uma sessão com os sentimentos de Corey para com o seu namorado dominador, encontramos importantes reforços para a cena de ser controlada por homens. Corey reviveu um incidente na França, no qual trabalhava como prostituta para um amante explorador que lhe dava heroína, mas nunca lhe pagava. Uma misteriosa imagem que reapareceu nessa sessão foi uma turbulenta impressão de um carrossel movido a manivela com um órgão de fole tocando como fundo musical, e Corey cavalgando em voltas enquanto seu explorador picava seus braços com uma agulha tosca e depois aplicava uma poção de heroína na veia. Houve uma impressionante emoção pela cena, uma espécie de êxtase que explicava o motivo de ela sentir-se por vezes feliz com esse homem que ela sabia que a estava usando. Essas sessões evoluíram lentamente e Corey perdeu sua dependência pelo atual relacionamento e os sentimentos de inutilidade envolvidos.

Por cuidadoso trabalho e repetições, Corey tornou-se completamente desvinculada daquela euforia, entendendo que fora induzida artificialmente. Em seu inconsciente, havia relacionado tendências submissas com um tipo de depravada satisfação momentânea. Rompendo esse condicionamento, eu sabia que Corey estava colocando em perigo seu atual relacionamento e que ele não duraria muito. Embora passasse por um doloroso período de rompimento, os resultados foram de melhoramento amplo, sentido de autovalorização e liberdade para aceitar relacionamentos mais sólidos.

O período pré-natal da presente existência de Corey revelou a constante preocupação de sua mãe de que a casa da família seria muito pequena para acomodar outra criança. Embora o assunto pudesse mascarar preocupações mais profundas, relativamente ao acréscimo de um recém-nascido para a família, a senhora Hopkins parecia estar concentrando nele a causa de todas as suas infelicidades. Corey recordava o repouso dela num sofá da sala, durante a gravidez, exausta pelo calor do verão.

"Não há espaço para ele", era o seu pensamento constante. "A casa é muito pequena, é sempre uma confusão se algo sai de lugar. Num minuto fica superlotada, fica tudo um inferno, não vou ser capaz de arrumá-la. Parece que está havendo um terremoto por aqui, o tempo todo."

Tinha havido uma construção ao lado da casa durante os últimos meses de gravidez, e o barulho tornara impossível à mãe de Corey descansar adequadamente. Ela deitava com as mãos sobre os ouvidos, pensando "Vou ficar louca aqui, tenho de sair, tenho de sair agora."

Esses sentimentos dominaram o desenvolvimento do feto. Os nove meses de gestação passaram-se numa atmosfera de crescente opressão, e o calor, o barulho, e a própria má vontade da mãe em receber a criança esperada a haviam impressionado.

As mais vívidas lembranças de Corey eram do seu próprio parto. Como o obstetra estava ocupado com um parto de urgência e iria demorar para atender a mãe de Corey, as enfermeiras que acompanhavam a paciente tinham-lhe pedido para "agüentar", para "não continuar até que o doutor chegue".

Aqui, os dois principais temas da terapia de Corey convergiam. No momento antes da sua entrada nesse mundo, as ações de um homem, o médico, haviam controlado a situação claustrofóbica. Fora mantida contra sua vontade no útero, esperando o homem que a aliviaria. O inconsciente de Corey regressou a cada ocasião passada onde fora vítima da mesma situação. A tensão, o sentimento de esperar para escapar tornaram-se preponderantes. A vagina da sua mãe foi envolvida com gelo para retardar o parto, e duas enfermeiras seguraram suas pernas juntas. Tudo isso foi aliviado com a chegada do médico, e o parto propriamente foi normal.

Infelizmente, o dano estava feito. A cena do nascimento de Corey ativara o pânico da caixa quente, o afogamento num mar de gente e água, o medo de uma existência confusa cercada pelos próprios excrementos e o receio de ser enterrada viva por um terremoto. Esses foram os incidentes que dominaram sua vida.

Voltamos a essa cena do parto em quase todas as sessões, trabalhando aspectos diferentes de cada vez. O efeito cumulativo foi preponderante. Corey começou a adaptar-se mais facilmente às circunstâncias e se deu conta de que não sofria mais de falta de ar, mesmo em dificuldades ou em situações embaraçosas. Seu noivado com o namorado dominador acabou com algum sofrimento, mas Corey conviveu com aquela infelicidade de modo racional, e isso não pareceu induzi-la a crises de pânico claustrofóbico, como teria ocorrido antes. Embora ainda infeliz pelo peso de seus quadris, Corey deu cada vez menos atenção ao problema, uma vez que viu não estar, de nenhum modo, afetando a sua vida social. Eu me prontifiquei a explorar o problema de seu peso numa terceira fase da terapia, mas Corey sentiu, para minha satisfação, que o problema era por demais insignificante. A essa altura, ela saiu dos meus cuidados.

4. ÚLCERA

Carl Parsons

A relação entre tensão emocional e doença física vem há séculos desafiando o conhecimento do homem. O que sabemos desse assunto é superficial e vago. A idéia de que pessoas com determinados padrões emocionais estejam sujeitas a contraírem enfermidades como a artrite e o câncer é recebida, pela maioria dos profissionais, com pronto descrédito, sendo a úlcera a única exceção para esse ceticismo coletivo. Todos parecem inclinados a admitir a existência de uma "personalidade predisponente" à úlcera. Acredito que nos próximos anos surgirão surpreendentes indícios de que há uma personalidade predisponente ao câncer, à artrite e possivelmente até ao resfriado. Em capítulos mais adiante falarei acerca de doentes de câncer e de epilepsia que tiveram melhora radical ao explorarem os componentes emocionais de suas enfermidades. Preferi começar com o caso de úlcera, simplesmente porque a ligação entre o "homem preocupado" e seu estômago lesado é amplamente aceita.

Carl Parsons era alto, de ombros encurvados e pálido. Tinha seus trinta e poucos anos quando me procurou para tratá-lo, mas sua pele tinha a flacidez de um homem mais velho. Enquanto me relatava seus antecedentes médicos e pessoais, batia leve e ritmicamente com o pé na perna da minha escrivaninha; o polegar e o indicador direitos faziam sua aliança, no anular esquerdo, deslizar para cima e para baixo. Esses tiques nervosos eram seguidos de um modo de falar intermitente — breves explosões de palavras e longas pausas.

    Carl possuía uma firma de engenharia eletrônica em estado de falência. Apresentava uma típica "personalidade predisponente à úlcera". Obcecado pela idéia de que iria "perder tudo", vinha sofrendo, há vários meses, de uma dor abaixo do plexo solar, bem como de uma séria insônia, freqüente indigestão e conseqüente perda de peso. Além do mais, sofria de impotência, o que é um sintoma incomum em doentes de úlcera. Seu médico não mencionara ainda qualquer problema grave de estômago, porém achava que o aparecimento de uma úlcera era apenas uma questão de tempo. As paredes do estômago mostravam alguma irritação e eu não estava certo do que poderia ser feito quanto a isso (jamais afirmei que a terapia de vida passada pudesse regenerar qualquer tecido danificado ou corrigir lesões físicas).

    A impotência de Carl despertou-me a atenção, primeiro por ser o menos comum de todos os sintomas do paciente com predisposição para úlcera e, segundo, porque estava evidentemente mais que tudo contribuindo para sua desventura, podendo ser, eu sentia, a verdadeira causa de seu problema e não o seu efeito.

    Minha suposição, contudo, resultou ser falha, apesar de o distúrbio sexual ter atuado no espectro da vida anterior de modo muito interessante.

    Pedi a Carl que me relatasse com o que se parecia a dor que sentia no intestino.

    "É como se me atravessassem com um atiçador quente", respondeu.

    Essa frase deu início à nossa sessão.

    "Bem, se alguém o atravessasse com um atiçador quente, qual seria sua primeira sensação ou reação?"

    "Palavras como filho da... Mas essas não são as palavras verdadeiras. Ouço um som, uma voz dizendo algo, mas não é filho da... , porém o sentido é mais ou menos o mesmo."

    Havíamos atingido algo, provavelmente uma situação em que uma língua estranha à nossa era falada, e perguntei a Carl acerca do cenário, o que sentia quanto ao lugar em que se encontrava. Começou a descrever uma aldeia de cabanas cobertas com folhas de palmeiras, possivelmente algum lugar de clima quente, situado na África ou na América do Sul, em tempos primitivos.

    "Eu vinha tentando conquistar uma jovem, uma garota de treze ou catorze anos de idade, para ser minha esposa, mas meu rival, meu inimigo declarado, acabou ficando com ela. Foram os chefes tribais que assim decidiram. Ele a levou e moram numa casa junto à minha. À noite, eu os ouço gemer, suspirar, provocando-me com o... ruído que fazem. Agora ele está fora... na caça? Na guerra? Não sei bem. Ele não está lá. Eu levantei a folha da porta e ela está lá dentro. Estamos ambos despidos, creio; pelo menos no momento não estamos de roupa. Ela não... acho que ela não consegue resistir... as mulheres aqui não conseguem. Estou em cima dela e nos balançamos para trás e para frente sobre algumas peles no chão. Mas agora... essa luz... alguém abriu a porta — levantou o pano — e eu estou sendo arrastado para fora. Ele voltou. Está com a lança, sua lança de caça. Grita: 'Você, seu filho da...' em uma língua diferente, mas essa é a frase precisa: 'Você, filho da..., nunca mais vai ter relações sexuais com a mulher de nenhum outro homem.' Ele... ele me empurra para outro lado do cômodo. Arremessa a lança de modo certeiro!"

A essa altura, Carl contorceu-se no divã, virando-se para o lado da parede, e levou as mãos em garras à altura do plexo solar. Ele estava sentindo a mesma dor de todos os dias, porém, agora, ele tinha uma explicação para ela.

"Ele me pegou, bem aqui, no intestino, bem aqui, e eu... ela atravessou direto e me cravou na coluna que sustenta a cabana. Agora ele baixa mão e, oh, meu Deus, vai cortá-lo fora. Meu pênis, ele está... mas nada sinto, eu acho que estou em estado de choque. Oh, estou paralisado. A dor se concentra toda no intestino. Nada sinto abaixo dele. Estou flácido agora e não sinto, eu acho... a morte está se aproximando. Estou tão espantado com tudo. A dor sumiu."

Carl passou a relatar o que fizeram com seu cadáver, o qual foi removido da coluna onde estava cravado, seus intestinos retirados e cremado numa pira de cavacos. Diferentemente de todos os meus pacientes, que costumam deslocar-se de uma morte para a vida subseqüente à medida que relatam suas experiências, Carl conseguiu acompanhar o que ocorreu com seu corpo após a morte. Evidentemente, sua consciência recusara-se a deixar o local onde jazia o corpo até o momento em que este foi destruído. Não sei explicar o fenômeno, constante em todas as encarnações que Carl revelou no curso de seu tratamento.

Nesse primeiro encontro, havíamos detectado a ligação entre a impotência de Carl e a aguda dor de estômago que sentia, mas a cena de modo algum enquadrava-se no padrão de atividades profissionais e sociais que dão causa à úlcera. Carl continuou a referir-se à perda de tudo, embora uma segunda sessão não tivesse revelado qualquer ligação com ruína financeira ou desprestígio social. Carl encontrava-se no período prénatal de outra existência, em alguma civilização primitiva. A situação revelou ser uma interessante repetição daquela em que roubara a mulher alheia. Nessa vida, enquanto Carl ainda se encontrava no ventre da mãe, ela estava tendo relações sexuais ilícitas. O pai surpreendeu a cena, puxou o amante de cima da mulher e o apunhalou. Em seguida, tomou de uma espada e transpassou a mulher e, conseqüentemente, o próprio filho. O feto morreu instantaneamente, mas a mãe sobreviveu o suficiente para ouvir o marido gritar: "Você nunca mais vai fazer isso para mim, nunca mais."

Havíamos assentado as bases do problema sexual de Carl; ele aprendera que "nunca mais iria fazer isso". Passou para uma outra existência, reportando-se a uma abastada mansão na Inglaterra onde tinha uma equipe de criados para servi-lo. Tive o pressentimento de que aqui haviam-se iniciado suas preocupações com os negócios.

"Estou subindo furtivamente as escadas. A escada dos fundos, com uma mulher vestida com uma fantasia, tendo uma dessas máscaras presas a uma haste. Estamos como que cambaleando e dando risadinhas. Agora encontramo-nos em um quarto e ela faz com que eu a olhe despir-se, peça por peça. Demora tanto! As mulheres usavam muita roupa; camadas e camadas de tecido ondulado sob o vestido. Agora estamos na cama, e eu sobre ela; estou também nu; ela me diz algo ao ouvido: 'Que tal ter relações com a mulher de outro homem?' Meu Deus! Subitamente dobro-me na cama. Meu estômago contrai-se como se uma faca o estivesse penetrando. Minha primeira reação instintiva — ela me apunhalou — mas não; é impressão minha, a dor, a dor."

O que ocorreu com Carl foi uma estimulação do incidente anterior. Possivelmente ele tinha uma úlcera principiante que se manifestou naquele específico momento. Sinto-me inclinado a afirmar, contudo, que esse relacionamento adúltero provocou uma recorrência das suas experiências na vida tribal. Quando sua parceira de delito sussurrou "Que tal ter relações com a mulher de outro homem?", seu inconsciente respondeu por meio de uma punhalada no plexo solar. Em outras palavras, temos aqui uma vida passada controlada por outras vidas passadas ainda mais remotas.

A mulher, temendo ser apanhada com Carl, vestira-se rapidamente e saíra. Carl ficara na cama, sentindo as dores da pontada que o atingira na parte superior do abdômen. Mais tarde aparecera um médico que havia sido chamado por um dos criados. Seu diagnóstico fora perfuração do estômago e ligeira crise cardíaca.

Ele nunca mais ficara bom; durante o período de recuperação, quando seus negócios exigiam atenção cuidadosa, ele se encontrara acamado e impossibilitado de cuidar deles. Quando se encontrara em condições de avaliar os danos financeiros que sofrera, estava na iminência da ruína total. O médico lhe prescrevera beladona, que Carl, naquela vida, começara a tomar em doses cada vez maiores. Ficara obcecado pela idéia de recuperar a fortuna e começara a esconder dinheiro por toda a casa, temendo que fosse consumido em impostos. À medida que seu estado mental fora piorando, começara a procurar cartomantes que o orientassem em seus in-

61

vestimentos. Por fim, fora induzido a levar larga soma de dinheiro a uma sessão na casa de uma mulher.

"Estou em uma sala com panos pendentes por todos os lados. Estou nutrindo certa desconfiança quanto a essa noite. Deve ser uma cilada. A mulher tem um pano em volta da cabeça e imita vozes de pessoas mortas. Estou sentindo um mal-estar no estômago. Ela pegou todo o dinheiro, e isso é... uma bobagem a que nos está submetendo. Olho em volta da sala e vejo toda essa gente com suas esperanças confiadas a essa... maluca, e dou-me conta do que me tornei.

"Ao meio de alguma tolice que está falando, levanto-me para ir embora. Agarro o chapéu, a capa, e vejo-me fora, num coche. Interrompi tudo, mas já estou fora... dando meu endereço ao cocheiro... é Queensgate Gardens, algum lugar como Queensgate Gardens, 14. Mas ele vira num beco sem saída, e, antes que eu possa inclinar-me para frente para indagar o que está acontecendo, dois homens entram no coche cutucando meu abdômen com um bastão e dizendo: 'O dinheiro, passe para cá', ou coisa semelhante, mas eu já não tenho quase nenhum, dei tudo àquela mulher. O bastão me empurra contra o canto do coche. Eles fazem uma busca. Umas poucas moedas é tudo que tenho. Sinto a dor, a dor está sempre queimando meu intestino. Agora me encontro na rua. Acho... eles me atiraram para fora. Fugiram. Toda gente sumiu. Vou caminhar, é tudo que posso fazer, caminhar para casa."

A sessão de Carl transferiu-se para uma cena em seu estúdio, junto à lareira, o cachorro a seus pés. Muitas dependências de sua casa haviam sido fechadas, para evitar despesas de aquecimento, e a criadagem havia-se reduzido a um único empregado.

"Nada mais resta, estou pensando, a olhar o fogo na lareira. Eu, de certo modo, perdi o rumo num momento crucial. Agora, de tudo que construí, nada mais me resta exceto a beladona, e eu a estou ingerindo toda, ao pé do fogo. Primeiro cessa a dor; em seguida os sentidos, estou flutuando, tudo estaciona, todos os meus sentidos, a dor desaparece. Estou saindo do corpo. Vejo a sala, mas a estou deixando para trás, todas as minhas coisas, todo o dinheiro escondido; talvez ninguém jamais o encontre. Estou subindo, deixando tudo para trás."

Ao término dessa sessão enfocamos a intrincada ligação entre a vida sexual e os negócios de Carl, aos quais se associava sua dor de estômago. À medida que trabalhava esses acontecimentos, começou a dormir melhor e a incomodar-se menos com a dor. Entretanto, sua preocupação com os negócios continuou e manifestava-se inquieto, com uma emoção que externava assim: "Sinto como se eles estivessem me perseguindo."

Esta frase desencadeou uma das mais detalhadas e completas histórias contadas por um paciente, que pareceu confirmar a tese de que a vida anterior de Carl havia sido dominada por outras mais remotas. Descreveu uma planície mexicana, onde vivera muito tempo como estrangeiro. Levando uma vida de atividade quase incessante, adquirira enormes propriedades rurais e tornara-se muito poderoso. Falou da corte caprichosa e esmerada que fizera a uma mulher que parecia amá-lo de forma obsessiva. Casaram-se, e, de repente, ela tornara-se frígida, recusando-se a ter relações sexuais com ele. Ela com freqüência fechava-se em seu quarto com o próprio irmão. Carl começara imediatamente a suspeitar da mulher, mas nada fizera, exceto buscar satisfação sexual fora de casa.

Encontrava-se com uma prostituta num hotel de luxo em algum lugar da zona urbana. Durante o ato sexual, suspeitou que sua mulher o seguira ou conseguira de algum modo estar presente. "Minha esposa sabe, não sabe?", perguntou à mulher. A resposta foi um assentir de cabeça. Nesse momento, Carl sentiu uma dor aguda na parte superior do abdômen, idêntica à que havia sofrido na vida anterior, como aristocrata na Inglaterra. Não estabeleceu qualquer correlação entre ambas ao descrever sua experiência no México, mas percebi que estava apresentando padrões similares.

Em ambos os casos, senti-me inclinado a atribuir a crise a uma recorrência de suas vidas nas comunidades tribais em que fora varado por uma lança em decorrência de uma prática sexual ilícita.

Seu ato de infidelidade no México mostrou ser tão desastroso quanto o que praticara na existência que tivera na Inglaterra; a esposa e o irmão, que haviam entrado apressadamente no quarto e presenciado a crise de dor, bem como o ato sexual adúltero, fizeram com que Carl fosse levado para a prisão. Posteriormente, subornando funcionários do governo, tinham-no transferido para uma instituição de doentes mentais. Durante esse processo, todos os bens de Carl foram sendo extorquidos, ficando ele na miséria. Os anos que passara nessa instituição, que, na verdade, era pouco mais do que um agrupamento de cabanas, uma para cada "paciente", confundiram-se num emaranhado sem sentido. Contudo, ele conseguiu recapitular vividamente sua morte.

"Estou num quarto, numa pequena cela escura de concreto, e o amanhecer chega. Um homem me traz alimento e água. Abre a porta como todas as manhãs, coloca as coisas no chão e olha-me horrorizado. Não me vejo, sabe Deus há quanto tempo; não há espelho nem nada, e não posso... nem mesmo sei como estou... mas ele grita 'Meu Deus... a peste', e bate a porta. Não sei o que se passa: estou me sentindo bem, mas sento-me e ponho-me a pensar. Eles fizeram isso comigo e vieram para me liquidar. Sei que não vai ficar só nisso; virão buscar-me. Estou ofuscado pela luz! É meio-dia e a porta se abre. Estão enchendo o cubículo de feno. Não sei o que está acontecendo, porém estão trazendo cada vez mais feno, e sei, são eles que estão fazendo isso comigo. Minha mulher e seu irmão. Alguém diz: 'Precisamos fazer isso, é a peste.' Ateiam fogo e fecham a porta."

Carl morreu queimado, trancado na cela cheia de feno incandescente, fixado numa idéia: perdera tudo, sua vida se tornara um tormento. Estava convicto de que sua morte era mais uma cilada, como com a prostituta e o confinamento na instituição para doentes mentais. Acreditava que sua vida tinha sido dominada por forças hostis.

No decurso do nosso trabalho, encontrando outros episódios como o relatado acima, Carl foi se compenetrando de que não queria ter uma firma própria. Fora levado à vida insegura de possuir e administrar sua própria firma porque necessitava desempenhar seus padrões de preocupação e prejuízo. Ao terminarmos o tratamento, conseguiu vender a empresa de eletrônica e arranjar emprego numa grande companhia. Seu modo de vida perdeu a tensão, sua saúde melhorou e, até este relato, sua úlcera em potencial não havia se manifestado.

O caso de Carl Parsons põe em destaque um interessante aspecto do trabalho do terapeuta. Comumente sintomas mais distantes do problema do paciente é que dão indícios sobre como ajudá-lo. É na avaliação das suas dificuldades, e não na cura destas, que o terapeuta pode ser mais útil. Carl Parsons tinha de levar a efeito o trabalho, por si próprio, como todo paciente de psicoterapia. Minha função foi apenas de enfocar para ele o fato de que sua impotência e fracasso nos negócios estavam relacionados. Compreendendo isso, ele conseguiu reunir os elos, e desvincular-se com sucesso dos incidentes que haviam dominado sua vida.

5. EPILEPSIA

Lee Allen

A despeito de a epilepsia existir em nosso meio há milhares de anos e de o portador desse mal nada haver feito de vergonhoso para contraí-lo, os epilépticos costumam ser proscritos socialmente. Eles amedrontam as pessoas. A sempre presente ameaça de um ataque em público afasta de seu convívio até mesmo os amigos. Os próprios doentes ficam temerosos também, pois os seus irregulares acessos de convulsão parecem não ter causa imediata e não serem previsíveis. Embora esse mal possa ser controlado por meio do uso de drogas, não há cura para ele.

Tratei de muitos epilépticos procurando controlar-lhes as convulsões e evitando que se tornassem dependentes de drogas debilitantes por toda a vida. Os resultados foram relativamente bons. Embora ninguém possa gabar-se de haver "curado" a epilepsia, acredito que a terapia de vida passada obtém tanto êxito na redução do número de ataques epilépticos quanto o fenobarbital e o dilantin costumeiramente prescritos. Num caso, pelo menos, em que o tratamento com medicamentos parecia estar causando resultados nocivos, a terapia de vida passada conseguiu encontrar o motivo.

Lee Allen tinha dezesseis anos quando, pela primeira vez, apresentou-se para tratamento. Ela estava numa idade em que a vida social está começando a tornar-se importante, e em que um fracasso tem grande influência.

Lee passava por esse embaraçoso e imprevisível desabrochar que causa tanta perplexidade a muitos adolescentes, e estava se tornando, por outro lado, uma graciosa jovem. A despeito disso, não dava mostras de querer mudar sua personalidade retraída e seus hábitos descuidados. Encarava a vida como uma proscrita; era epiléptica. Vinha tendo convulsões desde os dois anos de idade. Apesar das fortes doses de fenobarbital e de dilantin a ela ministradas, os ataques não eram suficientemente controlados para permitir-lhe uma vida normal. Como compensação para o temor de ser rejeitada, ela começou a manter relações sexuais com um grande número de rapazes. Não sentia prazer em tais relacionamentos e preferia não se envolver com eles. Mas, como lhe proporcionavam uma espécie de aceitação da qual se mostrava sequiosa, era incapaz de opor-lhes resistência. Sua vida familiar era penosa. O pai, alcoólatra, dominava tanto a ela quanto à mãe submissa. Ela lutava constantemente contra o pai, sem o menor resultado. Tais lutas eram, freqüentemente, seguidas de crises.

Ao falar sobre o seu problema, Lee relacionou suas crises com o pai, principalmente com as brigas que tinha com ele. Foi no encalço disso que nos pusemos na primeira sessão. Muitos pacientes recordam-se de longas e detalhadas cenas de vidas pregressas quando levados à regressão do inconsciente, mas Lee apresentava um quadro menos completo de suas vidas anteriores. As crises lampejavam por sua mente, superpondo-se umas às outras, não sendo fácil discriminar as seqüências por ela relatadas. Esse meio de recordar permitiu-me observar o surgimento de um comportamento muito complexo, no qual se apresentava um elemento extra: o uso de drogas, que havia se tornado parte da sua vida diária e estava por si só causando uma reprise de vários incidentes traumáticos de vidas passadas.

Perguntei a Lee o que dizia ao pai quando ele a provocava, e ela se lembrou de que por mais de uma vez lhe dissera aos gritos: "Você está agindo como se eu estivesse aqui para morrer." Com essa frase estimulando seu inconsciente, as cenas subseqüentes sucederam-se.

"Estamos em um cemitério, esse garoto e eu. Tenho dezesseis anos de idade. E nós temos... ele me trouxe para visitar uma sepultura. É a sepultura de minha mãe."

"Então sua mãe está morta."

"Há três dias. Ela... acabou com a própria... ela se matou. Ingeriu comprimidos."

"E esse garoto levou você aí?"

"Acho que não. Acho que eu o fiz vir até aqui. Ele está tentando levar-me embora. 'Venha', diz ele. 'Já é o bastante'. Mas eu me ajoelho na sepultura e lhe digo aos gritos: 'Vá embora. Não quero você aqui, deixe-me só. Estou aqui para morrer.' Quando ele se vai, tenho comigo alguns comprimidos. Eu havia planejado isso. São os mesmos comprimidos que minha mãe tinha. Estou falando com ela... dizendo-lhe: 'Fui eu que a levei a fazer isso.' Morrerei como minha mãe e tomo os comprimidos. Engulo-os agora e deito-me na sepultura, chorando e nunca... eu nunca mais vou levantar-me daqui... 'O que você está fazendo aqui?'"

Quando Lee gritou essa frase, notei que ela havia se deslocado para diante, mas a rapidez de tal mudança tomou-me de surpresa. Esperava que pudesse prosseguir com a cena do suicídio até o final, mas não houve tempo.

"Quem está dizendo isso?", indaguei. "É você?"

"Um homem, um homem está me agarrando numa espécie de banheiro, não é bem... não há água corrente, apenas alguns potes, toalhas e outras coisas."

"Ele me segura pelo braço e me sacode. 'O que você está fazendo aqui?'"

"O que você está fazendo lá?", perguntei.

"Não sei, estou simplesmente dizendo a ele... só estou aqui, é tudo. Não estou fazendo nada. Ele está me falando: 'Eu pensei que lhe tivesse dito para não voltar aqui, nós não queremos você aqui.' Ele está me fazendo chorar, estamos no topo de uma escadaria, e ele está me machucando, está me batendo. Estou caída no chão."

"Ele está dizendo alguma coisa?"

"Você não pode fazer isso com ele, eu disse que mataria vocês dois. Agora ele está segurando os meus braços e me arrastando escada abaixo. Está doendo; minha cabeça está batendo no chão, a cada degrau. Oh!... Oh!"

Aqui, Lee soltou uma série de gritos ritmados. Percebi que ela estava sentindo as batidas da cabeça nos degraus ao ser arrastada pelo lance da escadaria. Antes de prosseguir, trabalhamos essa violenta agressão várias vezes.

"Estou sentindo cãibras. Sinto dores lancinantes em todo o corpo, e as convulsões estão vindo."

Lee descreveu o sofrimento decorrente da humilhação de ter uma convulsão incontrolável em presença de seu algoz.

"Ele me arrasta para fora, mais dois degraus abaixo, deixando-me lá, enquanto chega ao fim (o ataque). Ele grita comigo: 'Nenhuma filha minha tem o direito de fazer isso com um homem. Você não é mais minha filha. Eu avisei.'"

Como eu presumira, o homem que espancara Lee na vida passada, causando-lhe os ferimentos na cabeça, as convulsões e, posteriormente, a morte, fora seu pai.

Ambas as vidas apresentadas por Lee haviam terminado abruptamente com a morte e giravam em torno de conflitos entre seus pais e seus amantes. Na vida atual, a promiscuidade de Lee tinha origem na necessidade de reviver os conflitos não-resolvidos. Seu profundo sentimento de humilhação por ser epiléptica parecia originar-se na cena em que o pai da vida anterior havia presenciado calmamente as incontroláveis convulsões a que se seguira sua morte, nos degraus em frente de sua casa. A ingestão de medicamentos que lhe provocaram a morte na primeira vida estava, de certo modo, relacionada com os problemas atuais, mas eu não tinha certeza de que forma, até que, inesperadamente, ela saltou da cena dos degraus para uma terceira vida. Subitamente, Lee estava descrevendo uma cozinha, num ambiente mais ou menos moderno. Era uma jovem dependente de drogas e havia acabado de sair de um hospital-prisão.

"Aquele lugar era uma piada. Levaram-me lá para me abandonar. Eu podia me entupir com as pílulas que vendiam aos doentes. Naturalmente, eu não dava trabalho a ninguém. Não precisava dar. Agora encontro-me em casa; há um frasco na minha bolsa. Desci à cozinha para apanhá-lo. Escuto mamãe e papai brigando no quarto. Ele está fazendo com que ela saiba sobre mim. Quero que parem com isso... é tudo o que quero. Pego o frasco e enfio na boca um punhado de tabletes; só quero que eles parem. Ou não ouvi-los, ou qualquer coisa. Mas não consigo deixar de ouvir. Estou circulando pela cozinha. Ele diz: 'Você é a culpada disso, você, cadela, a forçou a isso: ela não conseguia ser o que você queria que ela fosse, e você a forçou.' Minha mãe concorda com ele; ela está chorando e dizendo: 'Eu sei, eu sei que ela vai ser sempre assim. É horrível, é simplesmente horrível.' Estou vagueando em círculos. Está fazendo efeito. Estou perdendo contato com a discussão deles, mas tomei muitas... e estou flutuando e agora."

"O que aconteceu?"

"Caí, estou rodopiando, bati a cabeça num... armário, em alguma coisa. E agora estou deitada de costas, e há esse branco ofuscante."

"O que é branco?"

"Acho que o teto está pintado de branco. Talvez a luz no teto, estou começando a... está acontecendo de novo... a convulsão... estou sentindo aproximar-se; eu os escuto falando..."

"O que estão dizendo?"

"Ele está dizendo: 'Ela está perdida, nunca mais vai ser alguém, só o que é agora.'"

A essa altura da sessão, Lee teve um ataque epiléptico. Pedi-lhe que passasse por ele como se fosse um incidente qualquer. As últimas palavras que repetiu antes da convulsão foram as de seu pai (da vida anterior): "Ela nunca mais vai ser alguém, só o que é agora." O inconsciente de Lee havia gravado simultaneamente as palavras e a ação. O significado estava claro: ela iria sempre ter convulsões.

Nestas cenas encontramos todos os temas principais que contribuíam para o padrão de convulsões de Lee, a começar pelo pai tirânico, insensato e violento. O relacionamento de Lee com o pai da vida presente era altamente influenciado pelo fato de que o pai da vida anterior a havia agredido fisicamente, dando origem às convulsões. Seu comportamento sexual presente era a fonte de muitas brigas com o pai, quase idênticas às que haviam culminado com a agressão que sofrera na vida anterior. As cenas relacionadas com a ingestão de drogas, junto à sepultura da mãe e na cozinha, tornaram clara, para mim, a razão pela qual os medicamentos se mostravam ineficazes para controlar as convulsões de Lee. Sua experiência na vida passada havia "ensinado" seu inconsciente que tomar drogas provocava convulsões, em vez de preveni-las.

No curso da sessão, Lee foi rapidamente se deslocando para a fase pré-natal, para o oitavo mês de gravidez. Encontramos imediatamente, como cena, uma cozinha onde seus pais brigavam. Lee lembrava-se de que o pai forçara a mãe a engolir os comprimidos prescritos pelo médico da família. A mãe voltara-se raivosamente, batendo a barriga de encontro ao armário. A dor fora imediata e quase fizera com que desmaiasse.

"Ela está me perdendo. Eu sinto como se fosse cair, quase para cair. Sinto fugir, uma sensação como se algo em que me apoiasse estivesse fugindo de mim. É o mesmo que sinto quando estou próxima de ter uma convulsão. Tudo fugindo, é como uma sensação de pânico, tenho vontade de gritar: 'Não vá embora! Não me perca.' Em seguida, eles caminham para o quarto. Eu os escuto. Ele diz: 'Não sei com o que você pretende que eu pague o hospital, você sabe que não temos dinheiro.'"

Essa cena pré-natal continha todos os padrões com que vínhamos trabalhando: a cozinha, as convulsões, o uso de drogas e o pai como um "inimigo", lutando contra a existência de Lee. Embora o incidente pareça de pouca importância, é um verdadeiro camafeu gravado com detalhes; um momento conciso em que o passado se torna vinculado ao presente.

No curso do tratamento de Lee, tivemos dificuldades em atingir a cena do nascimento. A sala de parto era, invariavelmente, um branco na memória de Lee. Toda vez que me defronto com esse problema, sei que algo de grave se oculta ali. Ao final de cada sessão eu tentava conduzir Lee à ocasião do nascimento, mas só quando trabalhamos praticamente todo o período pré-natal foi que ela conseguiu reviver aquela fase crucial do ciclo da vida.

"O que é que você está sentindo?", perguntei.

"Quero libertar-me. É só isso. Quero sair, e estou ouvindo uma enfermeira ou alguém, uma mulher, dizendo: 'Empurre mais forte, querida, não vai demorar muito.'"

O parto fora prolongado. A mãe de Lee não conseguira controlar-se e tomara várias injeções. Os medicamentos tinham tido um efeito positivo na mãe, que relaxara o suficiente para completar o parto. Para a criança nascitura, porém, os medicamentos haviam sido nocivos, de dois modos independentes.

"Sinto como se ela estivesse me deixando. Estou sozinha. Ela foi-se embora. Como conseguirei fazer isso sozinha? Estou assustada. Aterrorizada — aquela sensação como os acessos de novo... como se tudo desaparecesse. Exatamente como antes de eu ter uma convulsão. Aconteceu quando lhe deram aquela injeção."

A sensação de "pré-convulsão" induzida pelos medicamentos provavelmente trouxeram à tona várias das vidas pregressas mais violentas de Lee. As sensações induzidas por drogas foram duplamente lamentáveis: eliminaram para sempre a possibilidade de que medicamentos pudessem auxiliar no controle dos acessos de Lee.

"Estou saindo; está tão claro, a sala está branca e meus olhos doem; a luz está brilhando. Branca. Como nuvens. Mais branca do que o teto, mas a mesma. A mesma brancura."

"Você está ouvindo palavras?"

"Aquela mulher... a enfermeira, ela está dizendo: 'Aposto que seu marido vai ficar eufórico com a criança!'"

"O que mais?"

"Minha mãe diz: 'Só o que sei é que quando chegar em casa, vou agarrá-lo e ter um acesso.'"

Pedi a Lee que repetisse essa frase. Ao fazê-lo, a imitação da entonação da mãe foi substituída pela própria conscientização do significado dessa cena, e, posteriormente, pela perspectiva de tornar-se necessário cortar a ligação.

O tratamento de Lee terminou após várias reconstituições das cenas relacionadas ao nascimento. Ao concluir o trabalho comigo, não mais tomava drogas para controlar as convulsões e parecia não mais precisar delas. Isso foi no verão de 1972. Na primavera de 1976 ela me procurou para uma consulta de acompanhamento. Estava orgulhosa por possuir uma carta de habilitação, um pedaço de papel que epilépticos não obtêm facilmente. Não sofrera uma simples convulsão sequer desde a nossa última sessão, quatro anos antes, e não tomara qualquer medicamento anticonvulsivo durante esse tempo. Para ela, a carta de habilitação era um certificado de saúde; nunca mais se considerou proscrita da sociedade.

6. PROBLEMAS SEXUAIS MASCULINOS

Henry Aiken

A despeito da revolução sexual, ou talvez devido à revolução das crescentes expectativas sexuais, a maioria das pessoas encontra dificuldades em admitir ter problemas nessa área. É difícil viver de acordo com o ideal do homem ou da mulher sexualmente libertos, mas muita gente considera quase impossível admitir que não se encontre bem próximo daqueles padrões. A psicoterapia tradicional tem tido pouco êxito no trato de questões relacionadas ao desempenho sexual como ejaculação precoce, dificuldade em atingir o orgasmo e impotência. A terapia sexual, tal como a apresentam Masters e Johnson, tem tido melhor êxito. A terapia de vida passada revela uma extraordinária adequação aos padrões de pacientes com disfunções sexuais, apresentando índices de melhoras muito elevados.

"Minha esposa não deseja mais ter relações sexuais comigo", disse-me Henry Aiken, logo no início de sua sessão. "Creio que é por isso que estou aqui."

Henry tinha a aparência de quem fora um atleta na juventude. Aos trinta anos de idade ainda era um homem alto, musculoso, atraente, extremamente bem vestido e muito preocupado com sua aparência. Os trajes eram uma espécie de máscara. Henry estava tentando desesperadamente manter ocultos seus problemas sexuais.

"Estou no meu terceiro casamento", explicou. "Também ejaculava muito depressa com minhas primeiras mulheres. Acho que é por isso que elas se divorciaram de mim. Alegam que é por... outros motivos."

A ejaculação precoce é um dos problemas de desempenho sexual mais difíceis de serem tratados pelas técnicas da terapia tradicional. É comum persistir durante muito tempo após a solução de outras anomalias que supostamente lhe deram origem. Muitos casamentos, que de outro modo poderiam ser salvos, desmoronam ao peso do sofrimento e da frustração; o de Henry estava caminhando para uma crise.

Pedi-lhe que me dissesse como se sentia ao ter uma ejaculação precoce.

"É como se...", ele hesitou porque o que dissera não parecia fazer sentido. "Sinto como se tivesse de apressar-me antes que alguém me surpreenda." Ele enrubesceu. "Reação um tanto adolescente, não acha? É como se alguém insistisse em dizer-me: 'Rápido, rápido!' Fico sempre contente por ejacular rapidamente; é como se fosse uma espécie de triunfo, embora saiba que minha mulher fica frustrada e infeliz. Esse triunfo não passa de uma emoção — não tem relação nenhuma com o que penso."

Nossa sessão teve início com a frase "rápido, rápido", com a sensação de temor de ser surpreendido e com a idéia de triunfo associada com a ejaculação rápida.

"Estou ouvindo uma voz de homem."

"E o que ele diz?

"Rápido, rápido!"

"Onde você se encontra? O que está fazendo?"

"Estou... uhm..."

"Ainda que seja íntimo ou embaraçoso, relate-me o que você está fazendo."

"Estou com essa mulher... uma mulher preta. Eu sou... Eu também sou preto."

"Onde você está?"

"Não estou em casa... sou escravo. Minha casa era numa aldeia, numa região quente e úmida... deve ser algum lugar na África, mas não sei a época. Nosso chefe fez uma transação, uma espécie de negócio com mercadores brancos e fui levado rio abaixo, acorrentado pelos tornozelos com alguns membros da minha e de outras tribos. Chegamos a uma espécie de... não sei que nome se daria hoje, uma paliçada, creio, e eles continuam a fazer-nos caminhar, todos juntos, aos empurrões, por dias seguidos. Meu Deus, que fedentina exala aqui. Não há banheiros, ou qualquer lugar para a gente, somos como porcos no chiqueiro. A temperatura deve ter sido uns 45 graus à noite, e a umidade somada à fedentina... agora estão gritando... homens brancos com porretes cutucando-nos e empurrando-nos em direção ao embarcadouro, gritando por todo o percurso... 'Mexam-se, depressa, não demorem o dia inteiro.' Cutucaram-nos para o outro lado do grupo.

"Agora estou em pé em frente a uma fogueira ao ar livre. Há vários homens enfileirados à minha frente. Eles se movimentam um a um, para serem examinados pelos brancos. É a minha vez. Estou confuso quanto ao que devo fazer, mas caminho para frente. O homem branco examina meus testículos e sente-lhes o peso. Eles querem ver se eu posso tornar-me um bom reprodutor.

"'Este serve', ouço uma voz dizer, e subitamente retiram o meu colar do pescoço. Sou marcado no ombro direito, colocado numa jaula e em uma carroça, juntamente com os outros 'reprodutores', e levado a uma embarcação."

Henry não se lembrava de nada mais acerca dessa sua viagem de barco. Sua mente imediatamente saltou para o descarregamento num cais de desembarque.

"Há uma fila de moças brancas usando chapéus de abas largas esperando por nós no cais. Saímos do barco e somos despidos por homens brancos. Sinto-me como se fosse um animal, é horrível. De novo somos impelidos, desta vez, porém, para um salão aberto, um dormitório."

Ao descrever o salão em que ficou, o rosto de Henry se contorceu.

"O que é que você está sentindo?", indaguei.

"Dor."

"O que a está causando?"

"Chibatadas. Eu estou sendo chicoteado. Eles estão trazendo mulheres para o quarto. Por vezes tenho de possuir, em uma manhã, três ou quatro, e mais, à tarde. O feitor marca o meu tempo com um chicote."

"Ele o chicoteia enquanto você tem relações sexuais?"

"Ele grita: 'Isso não é brincadeira, seu canalha, vamos rápido! Se você não consegue ejacular rápido, saia e deixe um macho fazer o serviço.'"

Ao revelar o fato, dava mostras de estar sentindo as dores das chibatadas. Para ele, o relho, a voz do feitor e o problema da rapidez tornaram-se parte integrante do ato sexual. Uma ejaculação rápida impediria o feitor de chicoteá-lo; seu único triunfo. Sua vida sexual presente era uma contínua reprise desse e de outros incidentes traumáticos.

Pedi-lhe que se deslocasse para o instante da morte.

"Estou numa cela", falou. Sua face começou a assumir um ar de melancolia. "Dois homens entram. Um deles é o meu dono. Querem que me masturbe.

"'Queremos ter certeza de que você espele algo', diz meu dono. Mas eu já me satisfiz seis vezes hoje. Estou tentando, meu Deus, parece que os minutos se tornaram horas. Os dois ficam parados na porta, olhando. É quase impossível — e o único pensamento na minha mente é: 'Se eu não ejacular rápido, Deus sabe o que irão fazer comigo.' Mas não consigo. Simplesmente não consigo. Olho para eles aterrorizado, ainda tentando, mas sei que não adianta. É impossível. Meu proprietário grunhe e dá-me um pontapé. 'Você é muito lento em cima de uma prostituta, e está muito lento agora. Tem de ejacular rápido se quiser continuar vivendo.'"

Pedi a Henry que repetisse a frase.

"Você tem de ejacular rápido se quer continuar vivendo", articulou ele duas vezes mais. A intensidade foi sumindo, a voz e os músculos faciais relaxando.

"Agora meu dono está de volta. Isso deve ser algum tempo depois. Diz-me que não fiz nenhum filho. Sou imprestável. Mudam-me para um celeiro, prendendo-me com uma correia numa grande roda. Não creio que tenha tornado a fazer sexo. No meio da noite, acordei com gritos lá fora: 'Venha logo! Saia ou vai morrer! Rápido! Rápido.' Abro os olhos e encontro-me rodeado por labaredas. Não há meio de sair. O calor é indescritível. O ar quente; as brasas. É o fim. E um alívio. Corro para as paredes, e logo as chamas estão, não sei, me atingiram. Por todo lado ouço vozes gritando: 'Venha logo! Rápido! Saia!'"

Para o inconsciente, as frases pronunciadas por ocasião da morte de Henry certamente tinham o mesmo significado que aquelas proferidas durante as torturas sexuais que sofrera; ele não diferenciava os dois significados da palavra inglesa *come* [em inglês, tanto "vir" quanto "ejacular"]. Ao morrer, ele tivera a sensação inconsciente de que estava sendo punido porque não havia conseguido "vir rápido".

Essa vida pregressa, a primeira que Henry Aiken atingira, parecia ser a raiz de seu problema, mas não foi, por certo, uma experiência isolada. A morte por fogo transportou-o diretamente a uma outra existência.

"Dois garotos num celeiro. Um deles é amigo meu e o outro sou eu. Estamos mostrando nossos órgãos genitais um para o outro. Estamos conversando acerca de como 'fazer a coisa' com as garotas. Creio que devemos ter uns treze anos de idade. Estamos nos masturbando. E esse amigo, acho que seu nome é Mark, ou Marcus, talvez; ele está dizendo: 'Se você movimentar mais lentamente, demorará mais tempo.' Mas eu acho que isso é besteira, acho que as meninas preferem que a gente acabe logo para não serem molestadas. Ele acha graça, mas penso que as meninas não podem de forma alguma gostar de fazer sexo. Agora minha mãe grita: 'Se vocês, crianças, estiverem fumando aí no sótão, vou lhes dar uma surra de cinto. Vocês vão acabar incendiando o celeiro, tenho certeza.' Súbito entro em pânico, levanto-me de um salto. 'Vamos', exclamo, 'recolha-o depressa. Eles podem apanhar-nos e aí vão bater no meu traseiro.'"

Essa breve e aparentemente insignificante passagem é notável, visto seus detalhes abrangerem quase todos os elementos da vida de Henry como escravo. A troca de idéias a respeito de comportamento sexual, a convicção de Henry quanto à superioridade de uma ejaculação rápida, e a sugestão de fogo e incêndio o levaram a exclamar "Vamos, rápido, ou eles vão me bater." Todos esses acontecimentos, nenhum dos quais importantes em si, coincidiam na seqüência que colocara Henry em contato com sua vida precedente, cheia de horror. Em conseqüência disso, o pequeno incidente tinha ficado permanentemente gravado em seu inconsciente. Seguiu-o uma cena semelhante, também curta:

"Estou num pequeno sótão, em algum lugar. Está quente, abafado. Sou um adolescente. Há uma garota comigo. Ela está nua e dizendo: 'Rápido, vá logo, antes que alguém nos apanhe!' Digo-lhe que é impossível, que não está duro ainda, e ela começa a masturbar-me. 'Eu o farei ficar duro', exclama, mas eu repito: 'Não adianta, desse jeito você nunca vai fazê-lo ficar duro.' Daí ela diz: 'Bom, faça alguma coisa. Precisamos apressar-nos.' Nesse momento ouvimos vozes; coloco minha mão na sua boca. 'Rápido', cochicha ela, 'temos que sair depressa.'"

Na fase pré-natal dessa existência, Henry surpreendeu seus pais tendo uma relação sexual. Não foi uma experiência agradável. Os pensamentos de sua mãe eram: "Espero que ele acabe logo e me deixe em paz. Detesto quando demora muito tempo. De qualquer modo eu nunca me satisfaço. Preferiria fazer com a mão, mas isso leva ainda mais tempo."

Esse incidente levou-nos a uma ocorrência numa sala de parto em que observamos o médico dizer à enfermeira: "Talvez tenhamos sorte; talvez ele venha [*come*] rápido. Ela se sentirá melhor se ele vier logo."

Mais uma vez, uma expressão um tanto inocente reproduziu as frases que controlavam as vidas passadas de Henry. O distúrbio da ejaculação precoce estava contido nelas.

O trabalho com Henry durou oito sessões. Após a quinta, teve seu primeiro sucesso sexual. Havia mantido o coito por tempo suficiente para que sua mulher atingisse o orgasmo, e seu prazer fora tão satisfatório que a vida sexual de ambos começara a restabelecer-se a passos gigantescos. Três sessões finais eliminaram os reforços remanescentes, dando-nos tempo para aferir as suas melhoras.

6. PROBLEMAS SEXUAIS FEMININOS

Sarah Foster

Deficiência em atingir orgasmo é um problema que quase toda mulher sofre em algum período de sua vida. Para muitas, trata-se de uma deficiência passageira, associada a um relacionamento infeliz ou a um período de vida particularmente depressivo. Mas para outras é um fato constante, um humilhante bloqueio para se atingir a felicidade e a realização pessoal. Para a paciente Sarah Foster, a deficiência era também associada a uma dor física e crescente depressão.

Sarah tinha 23 anos, longos cabelos pretos e um rosto magro e sensível. Não usava maquiagem e vestia um uniforme de calça de brim azul, sandálias e uma blusa indiana. Apresentou-se ao terapeuta como uma garota espirituosa, independente e despreocupada com o que o mundo pensava dela. A primeira entrevista revelou sua tênue segurança nesta posição:

"Fico aterrorizada quando alguém se aproxima muito de mim. Quero me apaixonar. Sinto como... Há todo este amor dentro de mim, mas esfrio quando um homem se dirige a mim. Engulo em seco e as palavras se perdem na minha garganta. Tudo que eu penso é: 'Não me toque... não ponha a mão em mim.' Sei que é loucura, quero dizer, quando conheço um homem e temos relação é tão confuso... sinto dor. Sinto como se estivesse me aproximando do clímax, mas vem uma dor apunhalante, e então eu choro. Agora fiquei com medo e não quero mais ter relações. Quero dizer, a gente não pode fazer assim sempre com os homens... eles também têm direitos."

A paciente estava experimentando um sintoma não relacionado ao trauma sexual. Acordava regularmente mais ou menos às quatro horas da manhã com cólicas abdominais agudas. Ela não via nenhuma conexão entre cólicas e sua deficiência em atingir o orgasmo, mas eu percebi que havia alguma ligação. Fiz uma anotação sobre isso mas decidi não insistir, esperando que Sarah por si o trouxesse à tona durante uma sessão.

Perguntei a Sarah o que ela mais temia ao se aproximar de um homem. Ela pensou por um momento e gesticulou com suas mãos quando não pôde encontrar palavras para responder. Finalmente, num impulso disse: "Temo que isso me coloque numa situação difícil e eu fique presa nela. Isto não faz sentido, não é?"

"Tudo o que você diz faz sentido" eu disse. "Apenas não tenho certeza do que isso signifique. Se você se encontrasse presa em algum lugar — fisicamente presa, incapaz de se libertar... se seu corpo estivesse enrijecido, o que você diria? A primeira coisa que lhe vier à mente — Onde está você?"

"Não posso levantar-me e não posso sentar-me. Estou... será que ninguém vai me tirar daqui? Será que ninguém vai me ajudar? É uma jaula, como uma jaula de animal no zoológico, mas ela é do tamanho do meu corpo. Não posso me mover. Eu estou me acocorando. É muito baixa para eu me levantar, muito estreita para eu caber. Não é justo. Ele nunca me quis. Ele apenas queria me usar... me possuir."

Sarah transportara-se para uma civilização primitiva. Ao retroceder no tempo para coletar as circunstâncias envolvendo sua prisão, descobrimos que ela estava sendo castigada por um marido por ter tido relações sexuais com outro homem. Naquela cultura a vida humana não era altamente valorizada, e ele não se importava muito se o castigo a matasse. Ela estava nessa jaula havia dias.

Conforme aquela vida começou a se desenrolar, deparei com vários acontecimentos estranhos. O primeiro foi quando Sarah começou a falar uma língua que nenhum de nós havia ouvido antes. Soava como um linguajar de alguma tribo africana, mas a fala dela era tão irregular que não conseguíamos perceber os sons da língua o suficiente para defini-la. Mesmo sendo essa uma fascinante situação, eu estava muito mais interessado em resolver o problema sexual de Sarah do que acompanhar uma excentricidade. Eu simplesmente disse a ela para traduzir-me o significado das palavras quando ela escutasse as pessoas falando ao seu redor. Algumas vezes ela se expressava na língua estranha, porém uma gentil sugestão resultava na tradução.

"Não sei há quanto tempo estou aqui. Nem sei onde realmente estou. Três homens estão me tirando da jaula agora... me levando para um lugar amplo na floresta. Tudo isso é ao ar livre... quente... quase fumegante. Um homem espera por mim... meu marido. Ele está me dizendo que o desonrei... não passo de uma prostituta, uma cadela... mas não entendo sobre o que ele está falando. Ele nunca mostrou nenhum interesse por mim, nunca me deu atenção. Agora... Meu Deus, ele pegou um chicote e... Oh, Deus!"

Sarah agitou-se violentamente duas vezes no sofá, e novamente encontramos uma coisa difícil de explicar. Enquanto ela contava suas experiências, vergões vermelhos começaram a aparecer no seu queixo, nas bochechas e nos ombros. Linhas paralelas formaram-se como se a paciente estivesse sendo atingida por um chicote de nove tiras. Fiquei impressionado com essa manifestação física de um incidente causado numa vida passada. Mais uma vez percebi que devíamos nos concentrar nos problemas emocionais de Sarah, em lugar de tentar achar uma explicação para o fenômeno. Prosseguimos, apenas anotando os sintomas físicos, os quais logo diminuíram.

"Eu imploro perdão, mas ele nem mesmo me ouve. Ele diz aos homens: 'Coloquem-na de volta na jaula.' Parece tão calmo. Ele nem me responde.

"Eles me colocam de volta na jaula. Estou me acocorando novamente e isso está me matando. A dor é atroz."

Pedi-lhe que descrevesse a dor. A resposta foi como eu esperava.

"É a dor no estômago... mais abaixo, na realidade. A dor no abdômen. Eu a sinto toda noite. É a minha dor das quatro da manhã. É isso. É por ficar de cócoras.

"Agora estou sendo levada para um quarto. Disse a ele que faria qualquer coisa... qualquer coisa para sair da jaula, e finalmente ele cedeu. Eles estão me banhando e é tão bom. Água quente passando por cima, em volta, pelo meio. Eu só quero permanecer ali para sempre... mas não posso. Estão me dando uma coisa para beber. 'É para a dor', alguém diz. 'Para a dor... qual dor?'

"Em outro quarto. Estou deitada num catre, uma cama baixa de palha, e há instrumentos. Posso ver claramente... facas, tesouras... elas são tão bonitas: cabos de ouro, cravados com azul, um tipo de decoração azul. São quase como jóias. Eu me admiro; porque as recordo tão claramente? Nada mais é assim claro... mas estou ficando dopada... meu marido está lá... está dizendo para outro homem, um médico: 'Espero que isso ajude.' E o médico diz: 'Nunca falha, nós só temos de cortar rapidamente para evitar a dor. Ela jamais se interessará por sexo.'"

Sarah descreveu uma dor afiada, aguda, na sua área genital, uma dor que a fez desmaiar. Quando recobrou a consciência, ouviu o médico aconselhando a seu marido: "Não a use por alguns dias. Não queremos que uma infecção se instale." Repentinamente, Sarah ficou muito agitada. Começou a falar mais rápido, descrevendo sua vida atual. Estava sofrendo de uma infecção vaginal que tinha negligenciado mencionar na sua entrevista inicial. Sofria desse distúrbio havia cinco anos; ele tinha se tornado parte da vida diária. Não havia reagido à medicação que normalmente atua em tais infecções numa questão de semanas. Recordamos e repetimos as afirmações do médico até que Sarah sentisse que podia continuar.

"Agora estou recuperada, e não mais me importo com sexo. Ele me usa quando quer, mas não sinto nada. Choro o tempo todo. Sinto-me como se fosse só meio humana. Não posso reagir a nada. Nada importa. Então me recordo... aquelas facas. Os instrumentos na sala de operação. Eram tão bonitos, tão desejáveis. É noite. Estou vagando pelo quarto. Acho que não os tinha visto antes da operação. Não sei quanto tempo faz. Não sei nada do que aconteceu desde então. Mas elas estão lá. Uma faca dourada. Flores azuis. Eu a estou pegando... vai direto no meio do meu abdômen. Meu Deus... dói tanto. Eu queria não ter... dói. Agora estou no chão, sei que estou morrendo. Estou morrendo. Estou pensando: 'Tudo o que eu queria era ser amada... isso não devia ter chegado a tanto. Tudo o que eu queria era ser amada.'"

Recordando essas experiências, Sarah encontrou semelhanças entre o passado e o presente. Recentemente ela tinha terminado um namoro e começado outro. Seu primeiro namorado estava furioso por ela estar saindo com outro e a repreendia pelo telefone constantemente. Essa atitude a amedrontava e a fazia sentir-se culpada. Embora o antigo namorado não tivesse forças para punir Sarah fisicamente, a sua presente tortura mental era influenciada por aquela que a levara ao suicídio.

Dessa civilização antiga, a paciente passou para algum lugar dos Estados Unidos durante a época da expansão para o oeste. Numa cidade primitiva, habitada por trabalhadores braçais beberrões, ela era garçonete de bar e algumas vezes prostituta.

"Sinto um puxão, como antes, quando as pessoas estavam me tirando do banho, mas é um homem, no bar. Ele está me puxando em direção a uma longa escadaria, e estou indo. Mas não entendo. Estou confusa acerca do que está acontecendo aqui. Pareço ser uma prostituta, mas não sinto como se soubesse o que estou fazendo. Devo ser muito jovem. Estou como que confusa, subindo os degraus. Este homem é muito gentil. Ele parece ser um pouco atraente. Ele está me levando para o quarto. É muito gentil. Nós estamos despidos, e estou lentamente ficando muito excitada, provocada. Estamos fazendo amor; posso sentir o clímax se aproximando. Está muito próximo. Não entendo como eu posso ser uma prostituta. Eu realmente gosto desse homem... eu me sinto muito terna e excitada ao mesmo tempo... está... está... oh, Deus, ele

79

terminou. Ele está saindo de mim. Estou tão confusa, eu estava como que num sonho com ele. Agora ele já está fora da cama. Vestindo-se. Eu continuo deitada lá, me sentindo como... 'O que aconteceu?' Ele me olha e diz: 'Jesus, você é uma prostituta, não presta para homem nenhum.' Ele joga uma moeda na cama e sai. Estou sozinha. Chorando com raiva. Ainda confusa. Por que ninguém me ama?"

Sarah descreveu que, após vestir-se, saíra para um *hall* acima do bar. Estava tão desorientada por causa da experiência que se esquecera de amarrar os sapatos e tropeçara no alto da escada. Caíra escadaria abaixo e batera a cabeça contra o poste do corrimão. Sua última visão fora do chão; o homem que tinha acabado de ter relações sexuais com ela estava sentado no bar e voltara-se momentaneamente para ver de que se tratava aquela agitação, antes de virar-se e ir embora com indiferença. Ela fora levada para cima e deixada sem atendimento médico. Pela manhã estava morta.

O incidente cristalizou a desconfiança que Sarah sentia por todos os homens. O momento antes do clímax tornara-se um ponto de fundo traumático para ela, na sua vida atual. Era o momento em que ela sabia que seria traída e deixada sozinha.

Assim que nos transportamos para o período pré-natal da vida atual de Sarah, encontramos um incidente relacionado ao sétimo mês de gestação. Seus pais estavam envolvidos em sexo, mas sua mãe achara a experiência repulsiva e dolorosa.

"Ela está pensando: 'Não me toque lá. Você age como um animal. Deixe-me em paz... Eu não ganho nada em troca. Só Deus sabe quanto tempo faz desde que tive prazer pela última vez.' Agora ela está por cima. Ele está gemendo e tossindo, deitado de costas, e ela está pensando: 'Se eu não ajudar, ele nunca mais vai me tocar.'"

Apesar da dureza da cena, Sarah não se mostrou pronta para deixar o período pré-natal. Repassamos muitas cenas semelhantes de hostilidade entre seus pais, porém em nenhum ponto ela se libertou da situação do útero. Finalmente, após várias sessões revendo incidentes que tínhamos visto antes, deparamos com um novo acontecimento: a mãe de Sarah estava no hospital, esperando pelo parto. Ela tinha dado entrada cedo e estava procurando alguma coisa para ler.

"Meu pai está entrando no quarto. Está comendo alguma coisa, acho que é um hambúrguer ou alguma outra coisa, minha mãe olha para ele e seu estômago fica embrulhado. Ele pergunta: 'Você encontrou alguma coisa para ler?' Ela diz: 'Sim, é muito esquisito, um livro chamado *Filosofia da alcova*, escrito pelo marquês de Sade.' Ele nunca ouvira falar dele. Pergunta 'O que há de esquisito nisso?', e ela lê para ele algumas frases."

Sarah colocou as mãos sobre seus olhos e vagarosamente recitou o seguinte texto, de fato contido no livro *Filosofia da alcova*:

"Qual o homem perfeito, qual o homem dotado de órgãos vigorosos que não deseje, de uma maneira ou de outra, molestar sua companheira durante seu prazer? Eu sei perfeitamente bem que exércitos inteiros de idiotas, os quais nunca estão conscientes de suas sensações, terão muitos problemas em entender os sistemas que quero estabelecer. Qual a importância que dou a esses idiotas? Segure-a, exponha sua vagina, enquanto eu a penetro. E eu a beijarei com chicote de nove tiras, o qual deverá certamente fazê-la aprender a amar e a ser excitada. A senhora me faria esta grande gentileza, madame, de deixar-me com grande prazer morder e beliscar suas deleitosas carnes enquanto estou fazendo sexo com a senhora?"

Sua habilidade em recitar esta passagem, presumivelmente de memória inconsciente, deixou-nos a ambos, paciente e terapeuta, de certo modo atônitos. Repassamos o trecho várias vezes, desligando-a vagarosa e cuidadosamente. As atitudes no texto ecoavam suas próprias impressões do que os homens pensavam sobre as mulheres em geral, e sobre ela em particular. Ao fim de um intenso período de concentração, Sarah parecia hesitante, mas serena. Pelo menos ela se livrara daquelas idéias equivocadas.

Embora tivesse ouvido falar do marquês de Sade, originário do termo "sadismo", ela declarou não estar familiarizada com seus trabalhos, nem ter qualquer conhecimento de onde ele vivera, de que consistia sua filosofia ou onde haveria exemplares disponíveis. A recordação do trecho, lido por sua mãe imediatamente antes de dar à luz, constituía a terceira ocorrência incomum em sua terapia. Outro fenômeno desse tipo será mencionado com mais detalhes no final deste livro, na parte IV, Subsídios para a pesquisa científica.

A primeira relação sexual sem dor da paciente ocorreu alguns dias depois da sessão sobre Sade. A cólica abdominal da madrugada e a insistente infecção vaginal desapareceram logo no começo da terapia. Semelhante quebra repentina dos sintomas de dor e culpa aparece tipicamente na solução de um problema sexual. Dificuldades sexuais, freqüentemente inacessíveis aos terapeutas tradicionais, estão entre os problemas que tenho visto serem resolvidos mais facilmente pela terapia de vida passada. Muitos requerem poucas sessões.

Infelizmente, quando ocorre um impasse sexual num relacionamento, muitas vezes está disfarçando um problema mais profundo e torna-se um bode expiatório de todas as dificuldades que duas pessoas têm entre si. Nos casos em que os problemas sexuais são resolvidos e a relação não melhora suficientemente, deve-se entrar na dinâmica do relacionamento propriamente dito.

8. RELACIONAMENTOS

Os Gordons

Amor à primeira vista: acontece de verdade? Duas pessoas se olham numa multidão e repentinamente sabem: elas encontraram um companheiro para a vida. Freqüentemente esse julgamento é incorreto, mas isso não diminui o impacto emocional inicial. De onde vem esta atração? Com o risco de desfazer muitos sonhos românticos, sugiro que algumas pessoas tenham estado juntas em vidas passadas. Nesta vida, elas inconscientemente se reconhecem. Pode parecer inverossímil, porém minha experiência ao trabalhar com casais mostra que algumas pessoas travaram conhecimento com seus companheiros há um bom tempo.

Carl e Abigail Gordon procuraram-me porque seu relacionamento estava tomando rumos que nenhum dos dois podia explicar. Aos quarenta anos eles pareciam ser um típico casal norte-americano: um pouco gordos, excessivamente envolvidos em suas profissões, mas de modo algum anormal. Essa aparência disfarçava um inferno vivo.

Abigail:

"Ele me desvaloriza perante nossos amigos, mostra nossas diferenças religiosas em festas e manda-me calar a boca quando nossos amigos estão por perto. Está sempre me enganando, insultando-me, ameaçando-me com 'uma outra mulher' que nunca se materializa. Não quero ter filhos — tenho medo do que ele possa fazer a esses filhos com suas atitudes psicológicas. Mesmo assim, não quero sexo com mais ninguém. Eu na verdade o amo."

Carl:

"Eu a amo, porém ela me enfurece. Pequenas coisas me deixam louco... não consigo me conter e deixar de tentar fazê-la perceber as coisas erradas que faz. Sei que a provoco. Deus sabe o quanto ela já me disse isso, mas não consigo parar. Eu a amo e a odeio. Algumas vezes penso... Eu preferiria, talvez não, mas se eu tivesse um relacionamento com um homem, bem que seria melhor. Porém não desejo um homem sexualmente. Alguns homens me atraem um pouco, mas acho que tenho medo de tudo isso. Não quero me sentir desonesto, mas provoco Abigail. Eu sei que ela odeia isso."

Meu trabalho com Carl e Abigail foi conduzido em sessões separadas. Eu temia que numa sessão conjunta eles tentassem influenciar-se, mais do que concentrar-se em si mesmos, assumindo a responsabilidade de seus próprios padrões de comportamento. Eu queria isolar Abigail de Carl, porém descobri que os isolando fisicamente não os manteria inteiramente afastados. Os seguintes depoimentos são indicados com o nome do paciente.

Abigail:

"Vejo um muro grosso, uma parede preta. Estou do lado de fora e olhando por cima do muro. Vejo campos, espaço aberto do lado de fora. Do lado de cá do muro está um jardim feio, malcuidado.

"Há uma piscina, uma piscina rasa. Agora ouço um gongo. Devo entrar, e penso: 'Ele me quer para servi-lo. Não irei, vou me sentar aqui.' Oh, meu Deus! Gritos... alguém está gritando lá dentro. Entro apressadamente e o homem que está lá é Carl... eu sei que é, dá para saber. Ele está retalhando uma de suas esposas. Todas nós somos suas esposas.

"Há muitas de nós. Ele colocou uma no chão e está retalhando suas costas com uma faca. Ele se volta e me encara. 'Venha cá... ', ele diz, muito suavemente, mas no seu olhar... ele está doido, vermelho e excitado por ter retalhado aquela mulher. Ela está morta e as outras esposas arrastam o corpo para fora. Agora ele aponta para mim. 'Venha cá, venha cá.' Eu não tenho de ir, há fúria no seu olhar. As outras esposas voltaram e começaram a gritar também. Agarro uma tocha e a atiro nele. Suas roupas pegam fogo, corro atrás dele. As chamas o envolvem. Ele se atira na piscina e eu também, atrás dele... afundando sua cabeça dentro da água. Agora ele parou de se mover... está morto."

Carl:

"É uma cidade pequena... toda de prédios de barro; deve ser... Síria? Algum lugar da Síria, mas nós somos uma tribo. Não é nossa cidade, nós a estamos atravessando, doze de nós. Sou o líder e cavalgo na frente. Vejo uma mulher perto de um poço. Ela está nos olhando enquanto nós entramos a cavalo na cidade. Ela está curiosa, mas parece nervosa.

"Os homens se reúnem em torno do poço. 'Vamos nos divertir um pouco', digo-lhes, enquanto cercamos a garota. Mas penso 'Não posso deixar isso ir muito longe, ela provavelmente tem todos os soldados da cidade para defendê-la. Mesmo assim, bem que poderíamos nos divertir um pouco'.

"'Doze poderiam tornar a coisa interessante para você', digo enquanto continuamos a cavalgar. Ela se volta, amedrontada. Está procurando uma saída. Meus homens são muito rápidos... os cavalos fecham todos os lados para onde ela se volta. 'Há muito tempo não possuímos uma mulher', eu digo. 'Doze é muito melhor do que um.' Seus olhos viram-se para todos os lados, e eu rio. Porém, oh, meu Deus, eles vem atrás de nós. Um exército a cavalo. Eles nos avistaram enquanto estávamos no poço. Viro-me rapidamente mas é muito tarde. Estão em cima de nós. Alguém me arranca da montaria. Dois homens. Eles me agarram. Há um penhasco na borda do poço, e estou caindo. Oh, meu Deus, caindo."

A respiração de Carl tornou-se curta, como se alguém o tivesse chutado no estômago. Em frases entrecortadas, relatou sua morte quando bateu numa pedra na ribanceira. Os padrões de comportamento que emergiram desses dois incidentes expressavam as regras básicas essenciais da vida conjunta de Carl e Abigail. Carl, embora não identificasse a mulher do poço como Abigail, tratara-a da mesma maneira como tratava sua esposa. Raramente encontro casais que identificam seus parceiros em vidas passadas. Julguei ser a identificação de Abigail um exemplo isolado. Mas o padrão de relacionamento iria se tornar mais complexo.

Abigail:

"Um quarto de hotel... há muito tempo. Não há eletricidade. Temos uma lamparina a gás ardendo na parede. Estou nua e um jovem está fazendo cócegas nos meus pés. Estamos ambos nus.

"Fugi da casa de meu pai. Este homem me trouxe com ele, mas não gosto dele. Estamos fazendo 'isso', mas não sinto nada. Depois ele adormece. Eu choro. Acho que não sei o que está me acontecendo. Sou muito jovem. Tento sair. Realmente não sei o que estou fazendo.

"Na rua percebo uma enorme carruagem perto de mim. Um homem desce, toma minha mão e se desculpa. Ele é muito gentil, e sinto uma grande atração por ele, embora haja alguma coisa misteriosa acerca dele. Está segurando meu vestido em sua mão... onde a carruagem o salpicou de lama. Diz: 'Por que você não vem comigo? Deixe-me limpá-la.' Não sei o que fazer. O homem é tão... ele é quase magnético. Agora estou subindo na carruagem.

"Uma sensação de antecipação. Estou agora em um escritório fazendo marcas num papel. Continuo sem saber com o que estou concordando, exatamente, mas ganho casa e comida. Penso que percebo... esse homem não é normal. Mas sou levada a um lindo quarto cor-de-rosa, recebo roupas boas... tudo que possa desejar.

"Alguém me acorda. É no meio da noite. Uma mulher me diz que estou sendo 'desejada'. Sou levada por um corredor, para uma porta aberta. O homem está lá dentro, vestido de preto. Caminho em sua direção e tropeço em suas pernas esticadas. Ele ri e me agarra, e bate a porta. Está totalmente escuro. Agora ele acende uma vela, e posso ver — as paredes estão forradas com instrumentos de tortura. Ele diz: 'Nós vamos brincar um pouco. É um jogo chamado jogo para amedrontá-la até a morte.'

"Ele me conduz ao longo da parede. Passo por chicotes, facas, pistolas, e sua mão vai pressionando os meus ombros. 'Agora você deve jogar', ele diz, e eu grito."

Neste ponto, Abigail descreveu uma série de atos sexuais perversos, nos quais o homem não prestou atenção a ela, salvo para usá-la e amedrontá-la. Seu medo e desconforto pareciam excitá-lo mais que qualquer contato físico, porém finalmente, insatisfeito, ele a expulsou.

Daqui voltamos à sessão com Carl:

"Há uma garota estúpida. Convidei-a para entrar. A casa que administro é famosa porque garanto poder satisfazer qualquer desejo, qualquer fantasia. Esta é uma cidade em crescimento, cheia de homens selvagens. São Francisco parece fixar-se na mente, sinto como se estivesse em São Francisco. Minha vida aqui... Estou aterrorizado, com medo de que minha mãe descubra o que faço. Tenho que encontrar desculpas para mantê-la afastada, minha vida é um pesadelo. Eu... é cada vez mais difícil excitar-me. Minhas garotas... eu as chamo de escravas. Elas têm de se submeter ao que eu disser.

"Mas essa garota é nova. É estúpida e me irrita. Eu a tenho em um quarto, é o que me agrada — um quarto preto onde ela não pode me ver e não sabe o que acontecerá em seguida. Ela está dizendo: 'Por favor, não quero jogar este jogo.' Eu lhe digo: 'Você tem de jogá-lo. Este é o nosso pequeno e divertido jogo.' Há chicotes e outras coisas na parede para que eu use, mas com essa garota não vale a pena. Ela é obstinada e aborrecida."

A descrição de Carl de seus atos sexuais com as garotas no quarto preto assemelhou-se à descrição de Abigail.

"Mas não é bom. Não consigo qualquer satisfação. Finalmente a expulso. Há uma mulher do lado de fora que a leva e eu lhe digo: 'Ela nunca mais jogará este jogo. Leve-a para a fazenda.' No lugar da garota eu solicito a vinda de um rapaz."

A cena descrita por Carl e Abigail em sessões separadas parece da mesma vida, embora até essa altura eles não tivessem afirmado ter reconhecido um ao outro. A cena focalizou os medos da homossexualidade latente de Carl, que ele tentara encobrir na primeira entrevista. Todo o seu 'jogo' na vida passada parecia estar ligado a torturar mulheres e depois satisfazer suas necessidades sexuais com rapazes. A cena colocou Abigail em contato com seu padrão de submissão. Ela odiava o comportamento de Carl em relação a ela, porém sentia-se impotente para fazer ou mesmo tentar qualquer coisa a respeito. Depois dessa sessão, começou a tomar uma atitude bem mais firme em relação a seu marido, e o casamento começou a conduzir-se em direção a um equilíbrio de vontades.

Abigail descreveu perfeitamente a "fazenda" que Carl mencionara em sua sessão. Ela evidentemente tinha sido enviada para viver lá. Distava várias milhas do bordel que Carl administrava e tanto Carl como Abigail haviam morrido lá na mesma noite. Abigail tinha sido enviada para ficar com as outras prostitutas "imprestáveis" e as que tinham tido filhos. Era uma fazenda que Carl operava como um negócio lucrativo. À medida que Carl experimentava mais e mais atividades sexuais perversas, tornava-se cada vez mais difícil para ele satisfazer-se. Finalmente, uma noite chegou em que nenhuma garota ou nenhum rapaz puderam excitá-lo. Num momento de raiva, ele montou seu cavalo e dirigiu-se à fazenda.

Carl:

"Eu grito por elas. Todas as garotas da fazenda, e aquela que eu quero... que eu odeio... aquela do quarto preto. Eu a conheço. É Abby. É Abigail, mas não se parece com ela. É aquela que desejo. Todas as mulheres estão olhando. Continuo montado no cavalo e me dirijo até ela, parando a pouca distância. Ela cai. Vejo que isso está se apoderando de mim. Ela está aterrorizada, mas não posso parar. 'Você não vai jogar meus jogos!', eu grito. 'Tudo isso é culpa sua.' Desço do cavalo. Há um gancho... como um gancho de carne, mas que é usado para arrastar fardos de feno. É afiado e está pendurado na parede. Eu a estou empurrando para trás, afundando-a no feno. Todos estão olhando. E agora percebo que isso vai matá-la. É o que fico pensando. Isso vai matá-la."

Carl descreveu sua excitação sexual durante essa morte por tortura como totalmente ligada ao seu amor e ódio simultâneos pela mulher no gancho. Ela lhe estava proporcionando o maior orgasmo de sua vida, porém, morrendo, levava consigo essa experiência, para nunca mais ser repetida.

A situação era irritante. Carl sentiu devoção e ódio ao mesmo tempo. Não podia suportar a idéia de que essa mulher, de alguma maneira, controlasse seu prazer e felicidade. Ele repetia esse padrão abusivo com Abigail na vida atual, parando quando faltava pouco para a violência física que lhe infligira no passado. No decorrer das sessões, Carl livrou-se da necessidade de ferir sua esposa. Os insultos, os "joguinhos", e todos os mecanismos que usara para destruir seu respeito próprio eram resquícios de uma situação imprópria do passado. O presente não era tão ameaçador. Seus impulsos homossexuais pareciam desaparecer à medida que o casamento se estabilizava.

Os padrões de submissão de Abigail eram igualmente impróprios nesta vida. Sua inabilidade em deixar Carl ou mudá-lo era o reflexo de uma vida na qual tinha sido impedida de tomar qualquer das duas atitudes. Quando a situação tornou-se clara para ambos, seu relacionamento ajustou-se naturalmente, porque basicamente eles se amavam e não queriam se separar. Trabalhamos então para eliminar seu comportamento destrutivo um para com o outro. Nos casos em que os casais se juntam sem amor, somente por causa de uma ligação de vida passada, não faço qualquer tentativa para uni-los. Acredito que seja mais saudável para eles libertarem-se do elo, para que possam procurar companheiros mais adequados.

O caso de Carl e Abigail não é habitual. Não costumo solicitar experiências de reconhecimento e raramente as recebo voluntariamente de meus pacientes. Quando ocorrem, tornam o trabalho mais interessante.

Carl e Abigail abriram uma firma de negócios bem-sucedida, e confiando a Abigail os problemas de responsabilidades financeiras, Carl colocou em ação seu novo respeito por ela. Abigail demorou algum tempo para ajustar-se a esse nível de responsabilidade, e o relacionamento instalou-se lentamente de maneira sadia.

Um dos fatos mais difíceis para um terapeuta encarar é o de que, conduzindo o paciente para uma confrontação direta com sua vida, ele pode fazer com que esta vida seja mais difícil do que fácil para o paciente vivê-la depois. Usualmente esta é uma situação temporária, porém dolorosa de acompanhar. Acredito, entretanto, que um ser humano saudável seja melhor do que um doente; e que uma pessoa encarando uma dura realidade esteja mais viva do que aquela que se esconde num mundo controlado pelo passado.

9. ALCOOLISMO

Ben Plummer

A exata natureza fisiológica do vício é desconhecida. O tratamento de viciados evoluiu, embora não seja, de maneira alguma, científico. Já trabalhei com muitos viciados em drogas e álcool, e os tipos de incidentes que relembram de vida passada são bastante semelhantes. Qualquer que seja o vício, o passado do viciado será repleto de exemplos onde uma substância introduzida em seu corpo resolveu algum problema. O "problema" freqüentemente é a dor da morte.

Embora este capítulo trate especificamente de alcoolismo, proporciona um exemplo geral dos tipos de padrões de vidas passadas que encontrei em meu trabalho com viciados.

Ben Plummer tinha perdido toda a motivação de viver quando me procurou para tratamento. Tinha sido gerente de negócios de uma grande, mas decadente loja de vendas por atacado, pertencente a uma mulher muito poderosa. Durante a sua gerência, ele modificara o negócio, promovendo resultados muito rendosos, o que há anos não acontecia, terminando por ser despedido pela dona da firma, que achava que ele usaria do seu sucesso para controlá-la ou mesmo tomar-lhe o lugar. Foi no momento em que percebeu que estava sendo despedido por uma mulher que Ben Plummer começou a beber. Sua decadência fora dramática e parecia irreversível. Em questão de meses ele estava misturando seu café da manhã com vodka para esconder o *delirium tremens* com que acordava todo dia. Após um ano tivera de ser hospitalizado. A família o colocara num sanatório caro que cuidava de alcoólatras de classe alta com uma reputação a proteger. O tratamento fora desastroso, levando Ben à beira de uma depressão psicótica. Ele havia acabado de sair desse sanatório quando compareceu à primeira sessão.

"Se eu voltar para o hospital", disse, "nunca sairei vivo. Lá mesmo eu morrerei." Ben balançava sua cabeça para frente e para trás vagarosamente durante toda a entrevista. Eu sabia que essa indicação de desespero era em parte usada para disfarçar o ligeiro movimento trêmulo de sua cabeça quando tentava mantê-la ereta. Todavia não deixava de apresentar uma triste figura.

"Eu me julgo capaz de fazer meu cérebro trabalhar", Ben disse tristemente. "Mas não posso mover-me. Fiquei só olhando o tapete ser puxado de debaixo dos meus pés. Tudo que construí foi destruído... algumas vezes penso já estar morto. Apenas meu corpo está aqui para conservar as aparências."

Retornamos à vida passada de Ben a partir dessa frase. Ele descreveu um grande quarto de concreto vazio, com um ruído persistente de gotejamento.

"Estou despido. Sou apenas um menino. Estou completamente só. Acho que minha mãe me colocou aqui. Algum tipo de instituição... uma prisão ou algo assim. Não sei o que aconteceu para me colocarem nesse lugar. Alguma coisa a respeito... meu irmão está morto. Eu não o matei... mas é por isso que estou aqui. Eles pensam que o matei. Ou que nós fomos juntos a algum lugar e ele morreu, e é minha culpa... Eu nunca sairei.

"Eles me deixaram aqui para sempre... Só quero acabar com tudo, parar de pensar nisso. Estou batendo minha cabeça contra as paredes. Oh, Deus, dói. Mas há um ritmo nisto. Eu quero parar meu cérebro. Parar de pensar acerca de tudo. Estou tentando abri-lo com pancadas... é tudo. Abri-lo a pancadas."

A morte resultante de uma concussão cerebral ocorreu na sala de emergência desse hospital-prisão. O incidente indicou um caminho para prosseguir que eu poderia, de outra maneira, ter deixado passar despercebido: Uma mulher tinha colocado Ben no quarto de concreto. Ele procurou salientar esse fato. Fora uma mulher conspirando contra ele nos negócios que desencadeara o alcoolismo. Suspeitei que encontraria mais elos de traição feminina. No entanto, Ben não estava inclinado a seguir esse caminho imediatamente: reconheceu que o incidente explicava parcialmente sua certeza de que morreria no hospital. Ele prosseguiu, passando para uma vida mais completa, no Japão ou na China.

"Este quarto é decorativo... tetos altos, cenas pálidas pintadas nas paredes... mas continuo ainda sozinho. Há um homem chegando. Estou amarrado. Ele me entrega uma tigela contendo alguma coisa. Parece cereal. 'Tome isto', ele diz. 'Fará tudo mais fácil para você. Você será libertado dos seus atos diabólicos. Isto ajudará.' Ele sai agora. O cereal cheira forte. É como arroz, mas vermelho... há... creio que está fermentado. Eu o estou comendo ou bebendo. Há álcool na comida, mas tem um gosto horrível. Ainda... estou ficando confuso. Estou ficando tonto. Nunca sairei daqui vivo. Nunca. Esta parte não está muito clara. Estão vindo buscar-me. Levando-me embora. Estou num quarto diferente. Estou amarrado numa tábua. Um homem está me dando mais daquele cereal, dizendo: 'Isto trará honra por aquilo que você fez.' Eles me cortaram. Eles estão me abrindo com uma faca. Dói. Estão me matando."

Com toda probabilidade a afirmativa "Isto trará honra por aquilo que você fez" referiu-se à dor que Ben ia experimentar. Mas por causa da justaposição de eventos, sua mente inconsciente recordava a frase e o ato de beber simultaneamente. Esse foi o primeiro dos muitos incidentes envolvendo o louvor ao álcool. Ele descreveu uma lesão fatal numa explosão em uma mina. Seus companheiros de grupo lavavam seus ferimentos com uísque de milho e lhe davam de beber de uma tigela, repetindo a frase: "Não há nada como uma boa garrafa de bebida, não há nada melhor do que isso."

Ele relembrou um incidente de sua infância, uma pescaria com seu pai. Eles se tinham juntado a um grupo que se embriagava ao redor de uma mesa de piquenique. Para reprimir o medo daqueles homens, Ben tinha se iniciado em sua primeira garrafa de cerveja. Naquela ocasião, os homens o haviam encorajado dando-lhe pancadinhas nas costas, gritando: "Não existe problema que não se torne fácil depois de uma garrafa de cerveja!"

Esse incidente da infância que terminou em vertigem e colapso levou Ben diretamente para uma vida passada na qual ele operava um carrossel.

"Na Alemanha, eu acho, na Baviária. Instalei esse carrossel num pequeno parque. Faço-o funcionar mais ou menos das duas da tarde até o pôr-do-sol. A tontura... reconheço essa sensação de quando desmaiei na mesa de piquenique. Esta tontura é só de olhar os garotos rodando e rodando no carrossel. Isso é tudo o que eu faço por umas cinco horas por dia. Encerro os trabalhos às sete horas mais ou menos. Moro num pequeno quarto perto desse local. Um quarto num porão sem nenhuma janela. Vou para o quarto, sento-me na minha cama e bebo cerveja. Bebo e bebo, esperando dormir. Depois adormeço por algumas horas e quando acordo bebo mais. Depois durmo de novo. Tal qual o carrossel... dando voltas e mais voltas. Bebendo e dormindo. Até que seja hora de abrir o carrossel novamente. Isso é tudo que eu faço. Essa é toda a minha vida."

Ao fim dessa sessão, refletindo sobre sua vida, Ben me disse o seguinte:

"Quando eu estava no hospital, um psiquiatra me disse algo a que reagi violentamente. Ele disse: 'Você tornou-se viciado na sua dor.' Eu explodi com ele, não estou bem certo por quê, mas senti aquela sensação de tontura. Tal qual a sensação com que essa vida começou. Eu acho que é a mesma sensação de tontura da vida rodando... ligada ao meu estilo de vida de beber e trabalhar."

Isso pareceu ser uma análise astuta da situação de Ben, mas senti que sua violenta reação à frase do médico, "viciado na sua dor", provavelmente tinha raízes muito mais diretas. O estilo de vida de Ben como operador de carrossel era um tipo de vício simbólico. Na terapia de vida passada, tento permanecer em um nível literal. Achei que Ben chegaria a uma cena de vício genuíno. No começo da sessão seguinte, encontrei uma vida que encerrava os elementos discrepantes do seu problema.

"Minha esposa me flagrou. Sempre achei que ela o faria. Estou num lugar, é como o hospital do qual acabei de sair, para pessoas ricas com problemas. Porém penso que é por causa de mulheres, não bebida. Ela descobriu que eu tenho um caso. Acho que estou bebendo também, mas esse lugar não é para meu próprio bem, ela me quer fora de seu caminho. Aqui eles me trazem bebida quando quero. Acho que isso é por volta de 1800. Todos estão vestidos formalmente. Estão me dando taças de conhaque. Acho que tenho muito dinheiro. Estou bebendo o conhaque, mas não desce fácil. Estou pensando nela. Como pôde ela fazer isso comigo..."

Eu já havia descoberto seu ressentimento por mulheres. Agora o ressentimento amargo parecia ser a dor à qual Ben estava devotado.

"Eles colocaram algo... há uma substância no conhaque... eu sei porque eles não estão preocupados com o tempo e quando se atrasam, as palmas de minha mão começam a suar. Está me fazendo falta, eu sinto. Fui violento. Eles estão colocando algo na bebida para me acalmar. Não querem que eu me sinta melhor, apenas manter-me oculto. Tenho dores de cabeça quando eles se atrasam com a bebida. Começo a tremer. Não posso me concentrar mais. O tempo passou — posso ver pela minha pele, que ficou escamosa e enrugada. Não há mais conhaque. Eles apenas trazem um balde... parece um balde de fazendeiro tirar leite. Contém vinho doce e ópio. Há um homem trazendo isso. Eu não reclamo mais. Estou acostumado a isso. Ele diz: 'Esta é uma maneira de você acabar com seus problemas, se você não se importa para onde vai ou como chega lá.' Concordo com a cabeça, tudo o que quero é o balde. Não acho que possa alcançá-lo. É tão repentino. De repente estou morrendo. Terminou. Acho que estou morto."

Aqui estão as três partes do problema emocional de Ben — a mulher dominadora arruinando sua vida, o medo de morrer no hospital e a situação de vício terminando numa quieta e desprezível morte.

Todas as recomendações a favor do álcool mencionadas na ocasião por um assistente do hospital garantiram a futura ligação de Ben com o vício. Desse ponto Ben deslocou-se para o nascimento na vida atual. "Estão dizendo a ela para empurrar-me. 'Empurre, empurre, com mais força.' Ela pensa que isso a está matando. Está gritando: 'Como foi que me meti nisso?' Eu estou nascendo agora. O médico diz: 'É um menino. Um lindo menino.' Ela balança a cabeça de um lado para outro: 'Eu o odeio. Eu o odeio! Eu o odeio! Leve-o embora daqui. Desfaçam-se dele! Agora, agora.' Estou confuso, triste, não sei o que dizer disso, deitado lá. O médico está me segurando. Ele diz: 'Dê a ela alguma coisa para a dor. É apenas dor. Ela vai ficar bem depois de tomar alguma coisa.'"

A rejeição de Ben pela mulher e a sugestão de uma substância externa para amenizar a situação completaram o círculo de impressões traumáticas.

Ele chegou então a uma completa compreensão de sua situação. Seu prognóstico físico não era bom. Tinha causado sérios danos ao seu fígado, apesar do período relativamente breve de muito beber. O coração e as artérias estavam também desfavoravelmente afetados. Nenhuma soma de entendimento poderia inverter essa situação. Não posso dizer honestamente que Ben, através da terapia, tenha voltado ao seu antigo estado de saúde. O vício fisiológico permaneceu. Eu o aconselhei, como aconselharia a qualquer alcoólatra, a nunca mais beber. Embora eu não pudesse ter assegurado o seu bem-estar físico, ele conseguiu pelo menos quebrar o incontrolável impulso de beber.

Com a nova compreensão de sua situação, penso que lhe será possível deixar de beber.

10. ENXAQUECAS

Harrison Lask

Harrison Lask decidiu um dia renunciar a tudo. Deixou sua esposa, seu filho de nove meses, sua crescente clientela de oftalmologia, dizendo a todos que não agüentava mais. Parecia consciente de que estas atitudes constituíam algum tipo de esgotamento, por isso procurou-me ansiosamente, a conselho de seu médico.

Na primeira entrevista descreveu sua incapacidade de adaptar-se ao trabalho e particularmente aos controles da associação dos profissionais de oftalmologia do Estado onde morava. Sentia-se constantemente diminuído. Em casa via-se competindo com sua filha pela afeição de sua esposa, mas reconhecia que seu ciúme era doentio. A situação parecia complexa. Quando indaguei qual o sintoma que mais gostaria de modificar, ele deu uma simples resposta: "A dor de cabeça."

Olhei minhas anotações. Ele não havia mencionado dores de cabeça. "Tenho dor de cabeça. Toda manhã, acordo com ela, mais ou menos de madrugada. Se tomo alguma coisa com cafeína — um comprimido ou muito café, ela fica sob controle. Caso contrário, ela se transforma em enxaqueca. Eu vomito, enrolo minha cabeça em toalhas. Nada ajuda."

Para o sofredor de dores de cabeça freqüentes e regulares, do tipo enxaqueca, a vida pode tornar-se intolerável. Viver com dores constantes tem um profundo efeito sobre nossa habilidade de manejar as situações normais do dia-a-dia. Talvez as enxaquecas de Harrison fossem a fonte de

todos os seus problemas; estavam definitivamente ocultando qualquer problema que tivesse. Precisavam ser combatidas.
Pedi ao paciente para descrever sua dor de cabeça.
"Deixe a mente inconsciente retroceder", disse-lhe, "ao período imediatamente antes de acordar e, enquanto você está acordando, diga-me a primeira coisa que está vendo, sentindo, pensando."
"Tenho dor de cabeça. Sempre tenho dor de cabeça. Mas tenho de me levantar de qualquer maneira. Tenho de me levantar e tomar alguma coisa para acalmá-la."
Utilizando estas frases descobrimos o seguinte:
"'Tenho dor de cabeça.' É minha mãe falando. Deve estar no sétimo mês de gravidez. Meu pai se vira na cama e diz: 'Você sempre tem dor de cabeça. Levante-se e prepare o café da manhã.' Ela lhe diz que está pior. Agora ela sente medo. Não devia acordá-lo tão cedo. Ele diz: 'Você vem me dando dor de cabeça há anos.'
"Ela não sabe o que fazer. Está se levantando da cama e indo para a cozinha. Faz primeiro o café, pensando: 'Isto me fará bem.'"
Recorde o leitor que o feto sente as emoções da mãe como se fossem suas. A mãe de Harrison necessitava de cafeína pela manhã para curar a dor de cabeça. Harrison, inconscientemente, adotou esse padrão de comportamento e o associou à instabilidade doméstica. Este incidente é um modelo de alienação conjugal, duas pessoas falhando em adaptar-se uma à outra e não suportando a infelicidade.
O paciente retrocedeu para antes do período pré-natal, usando a dor de cabeça como estímulo. Três cenas semelhantes desenrolaram-se em rápida sucessão.
"É madrugada. Há alguma coisa errada ou ilegal acontecendo aqui. Eu não estou certo do que seja. Estou na floresta, com uma índia. Estamos fazendo amor. Penso que venho fazendo isso há muito tempo... acho que todas as manhãs. Eu a quero muito, embora falemos línguas diferentes. É um relacionamento muito íntimo. Estou muito envolvido com o que estamos fazendo, mas sei que há alguma coisa errada. Ela ofega. Há índios em torno de nós. Não posso acreditar. Tão silenciosos. Eles nos cercaram. Eu não puxo briga. O mais enfeitado deles se move em minha direção. Ele está colocando uma coisa de couro ao redor da minha testa. A coisa tem um pedaço de madeira que você pode torcer e apertar. Uma faixa de dor, especialmente na fronte, torna-se cada vez mais apertada. Eu estou olhando minha... índia. Ela resignou-se, embora não se mova. Eu a amo, mas esse amor se confunde com a dor. O guerreiro índio diz... ele fala inglês com perfeição... 'Isto é o que acontece com homens como você, que levam nossas mulheres.' Cada vez mais apertado, tudo o que eu quero fazer é desmaiar. Apenas deixe-me ir. Um estalo, estalo. Meu crânio. Há

apenas um momento de luz ofuscante. Depois mais nada. Eu já não estou mais lá. Agora há uma corda ao redor do meu pescoço e a coisa ao redor da minha testa é de metal. Isto é diferente. Eu sou... eu sou um índio e eles são brancos. Há um aro de metal em volta de minha cabeça que está de alguma maneira... está ligado às cordas que me amarram. Todo movimento que faço aperta mais o aro. Eu estou agachado. Não há nada que eu possa fazer. Um homem gordo me diz: 'Isso é o que você ganha por roubar nosso búfalo.' Ele e outros homens vão embora, deixam-me sozinho. O búfalo pertence a todos, o que ele quis dizer com 'seu búfalo'? Meu Deus, dói. Há um assobio. Isso deve ser... eu estou num trilho de trem. Eles me deixaram nos trilhos de trem, mas não posso mover-me. Cada movimento faz minha cabeça doer mais. Oh, Cristo, lá vem ele. O limpa-trilhos da locomotiva... o barulho. Eu sou jogado ao ar. Dentro da locomotiva... cabeça primeiro... Eu estou flutuando agora, não há dor. Eu não estou em meu corpo. Eu posso ver o que sobrou do meu corpo. Está tudo abaixo de mim.

"Agora estou correndo. Um homem está me perseguindo. Eu tenho quinze anos. Continuo na floresta, correndo, sem fôlego. Estou passando através de um pequeno grupo de árvores e ele está lá. Um homem a cavalo. Ele é o que me perseguia. Ele se adiantou a mim. Está muito calmo. Eu estou ofegante. Ele agarrou uma arma de fogo, um rifle ou algum outro tipo de arma, mas não parece nervoso. Diz: 'Vou ensiná-lo a perseguir minha filha.' Ele aperta o gatilho e eu vejo uma luz branca. Há um zunido na minha cabeça. Ele atirou em minha cabeça. É tudo. Um zumbido, depois nada."

Afora a semelhança superficial dessas cenas entre índios, floresta, e mesmo aros torturadores nas duas primeiras, a ligação mais significante é que todas as cenas envolvem extrema dor de cabeça sendo acompanhada por uma lição de algum tipo. Essas lições envolvem amor, crescimento e comércio (possessão do búfalo). Em cada caso, a falha em adaptar-se a essas lições resultou numa dor de cabeça desesperadora e morte. Harrison por si mesmo apercebeu-se desta ligação e disse ao fim da sessão que tinha sentido as dores de cabeça desaparecerem enquanto revivia as três cenas.

Eu e ele percebemos que as cenas eram cruciais. A incapacidade de Harrison em adaptar-se às realidades de uma vida de negócios e ao casamento era um resultado direto dos esclarecimentos daquelas três lições. As dores de cabeça atuais eram uma repetição das causadas pelos castigos de anos antes. Harrison sentiu no fim da sessão que as dores de cabeça tinham desaparecido para sempre, mas achei que era muito otimismo. Esperava alguma melhora, mas o que eu consegui foi uma alteração. Na sessão seguinte, a dor que Harrison sentia pela manhã havia mudado para a tarde, e da testa para a nuca. As dores de cabeça não tinham, portanto, desaparecido como ele esperara. Usando sua descrição dessas "novas" dores para fazer com que Harrison retrocedesse ao passado, logo deparamos com outra cena indígena, na qual Harrison era um dos dois homens diretamente abaixo do chefe. Ele e seu rival estavam discutindo os méritos de iniciar um ataque a uma colônia de brancos localizada próximo da tribo.

"A tribo está olhando e sei que simpatizam com ele. Todos querem a guerra, menos eu. Posso ver que eles me olham com suspeita, mas não tenho escolha. Acredito que é errado. Não posso participar. O chefe está se dirigindo a mim agora. Estou numa tenda fumando. Ele diz: 'De onde você tira essas idéias de fazer as pazes com o homem branco?' Não sei o que responder. É sempre a mesma coisa. Não consigo fazer o que as outras pessoas fazem. Ele diz: 'Você provavelmente está certo, mas nós devemos ir de qualquer maneira, esta é a minha decisão. E o que meu povo quer.' Tenho de dizer-lhe que ficarei aqui. Ele concorda meneando a cabeça. Nos entendemos; estamos fazendo o que devemos."

O ataque aconteceu enquanto Harrison permanecia sentado em sua tenda, meditando. Os índios foram derrotados. O chefe não retornou. A Harrison e a seu rival não foi dada outra escolha, de acordo com o costume, senão lutar pela posição de chefe.

"Nós estamos a cavalo. Eu ouvi falar sobre estes desafios. Mas é diferente de estar numa batalha. Estamos nos medindo. Eu me sinto ambivalente a esse respeito. Ele me ataca, está me açoitando, passa por mim. Perco o equilíbrio, mas permaneço montado. Sinto sangue escorrendo para dentro do meu olho. Ele me golpeou e abriu minha cabeça na testa, acho. Posso imaginar como o ferimento se parece, mas não consigo vê-lo. Só sinto o sangue. Ele se dirige para mim novamente. Ele vai me matar, vai me matar. Essas coisas acontecem rapidamente. Vejo uma chance. Não sei como sei fazer isso, mas pulei fora do cavalo — pulei bem em cima dele, derrubei-o de costas. Nós dois no chão agora. Uma pedra na minha mão. Uma pedra que eu encontrei por acaso. Apenas a descobri na minha mão. Eu o estou golpeando. Repetidas vezes. Ele não está reagindo agora. Eu o matei. É tudo muito rápido. Eu não sabia o que estava fazendo. Apenas o matei. Como a um animal. Mas ele ainda não está morto. Está meio morto. É muito misterioso. Ele me olha sem malícia; novamente, sabe que isso faz parte do que devemos fazer... costume tribal... a maneira como sempre vivemos. Eu não acho que possa suportar essa maneira de viver."

A descrição de Harrison de sua situação tribal trouxe à mente suas dificuldades com a associação de oftalmologistas estadual, a qual, eu sabia, era um grupo com um código ético e uma estrutura social elaborados.

"O ritual do enterro está começando agora... alguém me trouxe uma folha fresca — uma larga folha verde molhada, para colocar na minha cabeça. Ouço os tambores. Estou sentado numa pedra à beira do rio, pensando como lhes vou falar. Como um pregador da paz que acabou de cometer um assassinato. O que é possível dizer a eles? Ui!... uma pedra... ou... eu estou saindo... o mundo está rodando como um pião, alguém me golpeou pelas costas, na parte de trás da cabeça com uma pedra, ou... eu não sei com quê... a dor... a dor. Caio no rio. São os partidários do meu rival... dois deles. Eu os posso ver enquanto vou caindo no rio. Vou me afogar. Eu sei disso. Posso ver a luz da lua bater na água e quebrar nas ondulações. Minha boca está cheia d'água. Estou me afogando. Tudo o que eu percebo é a luz, a água e a dor. Minha cabeça dói."

Esses três sintomas levaram Harrison para a cena de seu nascimento nesta vida. "A luz... é uma lanterna. O médico a colocou dentro... posso sentir a pressão em todos os lados. Ele está dizendo: "Parece que a cabeça dele está no lugar certo. Não... ele está parado ali.'"

Harrison descreveu a inserção de um instrumento de metal no útero de sua mãe, o qual bateu na base do crânio. O repentino impacto frio o atingiu com força.

"É como se um calafrio me percorresse, mas eu não penso estar tremendo. A sensação é a mesma. O médico colocou essa coisa de metal contra minha cabeça e está dizendo: 'Ele está preso... o que foi que eu lhe disse.' Agora ele está colocando seu dedo em minha boca. Eu estou sufocando, ou me afogando. Está me puxando... puxando... e eu estou fora. A luz está ofuscante em toda parte. Eu estou... penso que estou começando a respirar agora. É muito confuso... é um alívio, no entanto."

O dedo na boca, a lanterna e o metal frio batendo por trás do crânio de Harrison refletiram sua morte no rio. Antes de Harrison retornar à sua plena consciência, disse, tal como tinha dito em sua primeira sessão, que sentiu a dor de cabeça desaparecer e que uma nova "claridade" pareceu percorrê-lo. Após a terceira sessão suas dores de cabeça tornaram-se quinzenais, e na quarta haviam desaparecido totalmente.

A dor de cabeça de Harrison foi o único sintoma que tratei durante o desenrolar da terapia. Ele ficou sem vontade de lutar contra grupos altamente especializados. Desligou-se da associação de oftalmologistas e nunca pôde praticar aquela profissão. Preferiu viver da maneira como estava do que procurar esclarecer todos os sintomas relativos ao seu padrão de comportamento.

Seu casamento representava muito mais do que sua carreira, e a ausência de dor de cabeça permitiu-lhe concentrar-se em colocá-lo em ordem. A terapia de vida passada, como disse antes, procura eliminar um sintoma específico de cada vez. Tive pacientes que retornaram a mim muito tempo após o tratamento inicial, prontos para trabalhar algum aspecto de seu comportamento que tivesse sido ignorado ou não reconhecido durante o trabalho inicial. Não ficaria surpreso de ver Harrison voltando ao meu consultório um dia, porém talvez eu não queira. Se ele for capaz de levar uma vida satisfatória sem mudar seus padrões de comportamento, é de sua própria responsabilidade assim o fazer.

11. HIPERATIVIDADE

Chuck James

A sociedade vê a hiperatividade como um transtorno infeliz que afeta crianças da idade pré-escolar até a adolescência, e ocasionalmente até a idade adulta. As vítimas são inquietas, incapazes de se concentrar e absorver conhecimentos num ritmo normal, e ficam em permanente estado de agitação. Muito pouco se faz além da administração de drogas para mantê-las "calmas". Essas drogas, penso, servem mais para ajudar as pessoas que cercam a criança hiperativa do que a própria criança.

O primeiro problema com o qual deparamos com tais crianças na terapia de vida passada é eliminar o uso das drogas. Estas mantém a mente inconsciente a uma distância inacessível. Na época em que o garoto Chuck James chegou ao meu consultório para sua segunda consulta, já estava sem tomar drogas havia uma semana, e eu fiz o melhor que pude para remover todas os papéis soltos, cinzeiros quebráveis e outros objetos de seu redor. Chuck, de onze anos, ruivo, magro, parecendo estar atado e sustentado por fios invisíveis, conseguiu ainda derrubar sua cadeira e atirar ao chão os papéis com as anotações sobre ele, feitas por mim, na primeira consulta.

"Veja, doutor", choramingou a mãe. "Nunca serei capaz de controlá-lo sem drogas." Havia um triunfo desafiador na voz da senhora James. Ela nutria muita hostilidade por seu filho. Em parte, sua insistência em enchê-lo de comprimidos era motivada por sua própria necessidade de provar ao garoto que era uma criança diferente, que jamais poderia comportar-se como uma criança normal.

Naturalmente o quadro de relacionamento entre mãe e filho não se delineou somente a partir de um comentário dela; eu sabia um pouco sobre sua gravidez e seu casamento. Eu tinha certeza de que os numerosos problemas de Chuck haviam-se iniciado num tumultuoso período pré-natal. A senhora James tinha dezessete anos e era solteira quando Chuck fora concebido. O casamento com o pai de Chuck fora curto e marcado por freqüentes confrontos emocionais. O casal havia morado com a mãe da senhora James, a qual antipatizava intensamente com o genro pelo que "ele fizera a ela." Apesar disso, não permitira que a filha praticasse o aborto. A situação certamente afetou o feto em desenvolvimento.

Quando Chuck acalmou-se suficientemente para começar a sessão, as primeiras imagens que encontrou foram pré-natais. Falando de sua vida familiar, Chuck sempre repetia a frase: "Gostaria que me deixassem em paz." Utilizei esta frase como ponto inicial.

"'Deixe-me em paz... deixe-me em paz'; minha mãe está dizendo. Eu sou um nenezinho. Eu não sou realmente um nenê ainda... Vejo tudo cinzento à minha volta. Eu ainda estou dentro da barriga de minha mãe. Eu tenho três meses de concebido... minha mãe está dizendo: 'Deixe-me em paz... deixe-me em paz.'"

Chuck repetiu a frase por várias vezes, em voz alta e em pânico, e começou a chorar.

"O que está acontecendo?", perguntei.

"Mamãe está chorando. Vovó está em pé, contemplando-a. Vovó está dizendo: 'Você tem sempre de fazer alguma coisa. Não consegue ficar calma e deixar as coisas acontecerem.' Acho que ela acabou de descobrir que eu vou nascer. Todos estão preocupados. Vovó está dizendo: 'Como você pode ficar tão calma? Não há razão para tanta calma.'"

Essa foi a primeira recordação pré-natal de Chuck: uma ordem concreta para não ficar calmo. Seguindo este comentário, Chuck reproduziu o seguinte diálogo entre sua mãe e sua avó:

Mãe: Não sei o que fazer. Estou tão confusa — deixe-me em paz.

Avó: Você tem de tomar este medicamento.

Mãe: Todas estas pílulas me fazem mal. Quero fazer um aborto. Não posso suportar isso por mais tempo. Esse nenê me deixará louca."

A senhora James aprendera com sua própria mãe a usar drogas como expressão de hostilidade. Ela só podia tratar seu filho como tinha sido tratada. Este foi o primeiro contato de Chuck com drogas, na vida atual. Ele as relacionava com castigo e mau procedimento.

"É mais tarde agora. Continuo no útero de minha mãe, já passou algum tempo. Meu pai está lá. Está fazendo cócegas em minha mãe. Ela odeia essa atitude. Ela está gritando: 'Pare, pare.' Ela está sem controle. Ri... mas há pânico... Eu não posso suportar. Quero dizer, ela não suporta... nós somos iguais, ela e eu, nós estamos agitados, muito loucos, completamente histéricos e tremendo..."

Chuck começou a arrancar e a rasgar o pano do sofá em que estava deitado enquanto descrevia essa cena. Seus pés foram puxados para seu peito e ele chutava um pé enquanto descrevia o incidente. Levou mais do que o número habitual de repetições para que se livrasse da cena. Continuamos repetidamente até que cessassem seus movimentos. Mas enquanto jazia no sofá, respirando suavemente, tornou-se tenso e os músculos de sua face enrijeceram-se.

"Onde está você?", perguntei.

"Num pátio de escola", respondeu Chuck.

Chuck era um verdadeiro anarquista na sala de aula, onde o castigo tinha se tornado uma experiência diária. A escola era um de seus maiores traumas.

"Continuo dentro de minha mãe. Ela está tentando concluir seu curso, mas é muito difícil. Todos a ridicularizam porque está grávida. Ela enjoa a toda hora. Está pensando: 'Tenho de sair daqui.' Quer lutar para sair. Isso é o que ela está dizendo, mas eu sinto como se eu quisesse lutar pela minha liberdade também quando ela diz isso. Quero lutar pela minha saída. Não estou mais lá. Estou numa cela. Como uma cela na cadeia. Sou um prisioneiro."

Esta foi a primeira vida passada que Chuck encontrou. Estava preso por ter assassinado seu próprio filhinho. A época era 1940, em algum lugar dos Estados Unidos.

"Não sei o que estou esperando... Tenho de sair daqui. Eles virão me buscar. Alguém está à porta: 'Está na hora, vamos.' Luto com eles. Estão me arrastando por um comprido corredor. Está escuro... úmido. Posso ouvir água gotejando em algum lugar, começo a espernear e a gritar. Estou todo dormente por fora — mal sinto quando me tocam. Estão me amarrando numa cadeira. É uma cadeira elétrica. Luto, esperneio, grito mas não adianta. Sei o que vai acontecer. Estou sozinho neste quarto. Há um estalo repentino, como luzes brancas, mas em minha cabeça... Meu corpo salta contra as correias que o amarram... tremendo, como que vibrando... minha mente salta. E o choque... a eletricidade. Então, uma grande luz acende. E tudo pára! A corrente foi desligada. Um homem entra... coloca sua cabeça no meu peito e diz: 'Ele é um dos muito ativos... ainda não está morto.' Ele está falando a meu respeito. Há outro estalo na minha cabeça. Ligaram a corrente elétrica novamente."

Neste ponto, Chuck apertou suas mandíbulas e tremeu por alguns momentos. Depois relaxou. "Estou morto", anunciou. Chuck tinha isolado um incidente da vida passada e a cena da vida pré-natal que reestimulara tal incidente. O medo agressivo da sua mãe, a sensação de ter caído numa cilada na época em que ela tentava terminar o curso reapareceram em Chuck enquanto ele esperava pela eletrocussão, na vida passada. A escola foi o "acionador" para estas emoções. Suas sensações na sala de aula eram as de um maníaco condenado à morte. Seu comportamento era o de um homem sofrendo choques elétricos. Chuck vivia sua vida como em um ciclo alternado: períodos de beligerante espera, seguidos por explosões de ações físicas incontroláveis — seu equivalente da eletrocussão. Ele sentia-se culpado por sua incapacidade de controlar-se e envergonhado por sua mãe, que sempre tinha de "dar explicações" sobre ele. Esta culpa estava ligada a um tipo de choque diferente.

"Estou num campo, sou apenas um garoto, da maneira como sou agora, porém um pouco mais jovem. Estou descalço. Há orvalho na grama... esta grama é alta e sinto as bocas das pernas de minha calça ficando molhadas. Estou só perambulando. Está um dia bonito. Meu pai está dirigindo uma carroça pelo campo. Ele não está prestando muita atenção em mim, mas acena para mim. Estou correndo em direção a ele, através da grama. Há uma cerca de arame entre nós e estou tentando alcançá-la. Dá-se um grande estalo. Essa cerca deve ser elétrica. Estou preso... não posso sair... estou gritando e sendo sacudido; minha mãe está gritando também, posso vê-la correndo em minha direção, gritando. Mesmo enquanto a corrente elétrica me atinge consigo ouvi-la. Ela diz: 'Eu lhe pedi para ficar de olho nele; você matou seu próprio filho com aquela porcaria de fio.' Meu pai grita: 'Não o toque, não o toque'. Ele está me empurrando com uma vara, tentando me desprender do fio. Minha mãe está histérica, gritando e esperneando. Ele está me empurrando para o solo."

Após esse incidente Chuck sobreviveu, porém seriamente prejudicado mentalmente. Embora fosse capaz de compreender o que estava acontecendo à sua volta, seus pais não estavam cientes dessa sua capacidade. Brigavam abertamente em sua presença, e discutiam a seu respeito como se fosse surdo. Enquanto ele olhava sem poder ajudar, o relacionamento de seus pais aos poucos foi tomado pelo amargor e pela recriminação, pelos quais ele se sentia responsável.

Muitos dos incidentes pré-natais de Chuck encerravam as mesmas emoções. Visto que seus pais haviam se casado apenas porque ele fora previamente concebido, e visto que essa união os colocara num inferno, ele nascera carregando o fardo de uma culpa enorme. Por esse motivo, eu o transportei de volta para o período entre a vida pré-natal e a segunda eletrocussão repetidamente até, finalmente, alcançar um total desligamento daquela fase. Não atingimos o nascimento a não ser na sessão final.

"Na mesa. Ela está deitada lá, e eu estou pensando: 'Quero sair daqui.' Estou esperneando feito doido. O médico está dizendo: 'Muito ativo', e há uma enfermeira. Ela diz: 'Melhor ativo do que não.' Minha mãe está gritando. Eles continuam dizendo: 'Controle-se, mantenha o controle.' Ela está tremendo. Seu corpo inteiro treme... como histérica. Eles estão aplicando uma injeção. Agora eu vejo a luz. Está frio. Uma luz brilhante. O médico está me puxando. Ela continua descontrolada. Eles a mantêm deitada. Exatamente como antes. Uma coisa é certa — as injeções não fazem efeito."

Após o término dessa sessão, Chuck não tomou e não precisou de qualquer medicação para controlar sua "hiperatividade".

É impossível predizer com que rapidez os efeitos da terapia serão alcançados. Embora eu raramente veja um paciente por mais de três meses, algumas vezes vejo-o apenas algumas semanas. Nos casos como o de Chuck, onde os acontecimentos traumáticos estão centrados em alguns poucos incidentes e no período pré-natal, a melhora de comportamento é usualmente rápida e segura. Além disso, o trabalho com crianças tende a ser especialmente satisfatório; elas não foram ainda treinadas pela sociedade para rejeitar a reencarnação e são mais receptivas à técnica.

12. CÂNCER INCIPIENTE

Kay Folger

Kay Folger teve de deparar com situações potencialmente trágicas como nenhum outro paciente meu. Tinha vinte e quatro anos, estava noiva e preparava-se para uma vida como esposa e mãe quando foi informada que seus exames de papanicolau indicavam câncer cervical incipiente. O seu ginecologista insistia numa histerectomia completa — que impediria, naturalmente, Kay de ter filhos e poderia também causar sérios prejuízos para suas perspectivas sexuais. Não era, certamente, o caminho ideal para começar um casamento. Kay estava insegura quanto à operação e deixou seu ginecologista extremamente preocupado. Ela então consultou o médico da família, que a mandou para mim.

Minhas opiniões sobre o câncer são consideradas radicais em alguns círculos. Venho sentindo já há algum tempo que o câncer é uma conseqüência de problemas emocionais, embora de modo algum eu defenda que os males físicos causados por um câncer possam ser reparados por meio do alívio das dificuldades emocionais. No caso de Kay não havia ainda sinais de deterioração física, e eu acreditava que sua experiência se tornaria o mais forte exemplo de minhas opiniões sobre o câncer.

Quando entrevistei Kay, descobri que sua impaciente expectativa do casamento escondia uma profunda ansiedade. Ela sentia-se culpada por ter tido relações sexuais pré-maritais com seu noivo e tinha medo da dor de um parto. Havia desgastado sua autoconfiança. Estava em dúvida sobre a possibilidade de vir a ter resistência emocional ou sensatez necessárias para cuidar de uma criança. Com a aproximação da data do casamento, suas inseguranças, que antes tinham sido brandas, cresceram rapidamente e se tornaram obsessivas. De repente via-se diante de um útero fisicamente defeituoso. Tive certeza de que o físico e o emocional estavam relacionados e de que a visão de Kay do casamento ligava-se ao tipo de estresse e à doença de seu útero, e que o seu útero era fisicamente suscetível ao câncer por causa deste estresse.

O primeiro incidente encontrado por Kay foi no período pré-natal. As razões disso eram óbvias: sua conexão mais íntima com o útero era o tempo em que passara dentro dele. Antes de começar a trabalhar suas experiências pré-natais, ela me disse que achava que o casamento de sua mãe tinha sido "vinte e cinco anos de estresse", e que seu pai "nunca dera valor aos filhos". Nosso primeiro encontro pré-natal confirmou esta suposição perfeitamente. Encontramos o pai e a mãe de Kay conversando durante o último mês de gravidez.

"Ela está dizendo a ele... ela está mais resignada que aborrecida, e diz: 'Eu não queria outro bebê justo agora. Estou tão cansada, sinto-me tão esgotada o tempo todo; não agüento nem os dois que tenho.' Ele, contudo, não está ouvindo. Diz: 'Ah, você aguentará de alguma maneira, você vai dar um jeito. Senão você vai fazer o quê? Morrer?'"

A frase "eu não queria outro bebê justo agora" foi gravada por Kay. Algumas repetições provocaram o seguinte:

"Eu não queria outro bebê... mas é diferente agora. Uma voz de homem está dizendo isso. Um homem, em pé, perto de mim. Estou numa cama em uma casa... uma casa de pedra, e estou dando à luz. Há apenas três de nós — eu, meu marido e uma parteira. Parece algum lugar na Europa: quadros na parede, pinturas de caçadas e coisas assim... estou fazendo muita força. Meu marido está dizendo: 'Eu não queria outro bebê agora além dos dez que já temos. Não, obrigado. Onze anos, dez filhos, meu Deus do céu.' A parteira tenta acalmá-lo e ao mesmo tempo espera por meu trabalho de parto, mas eu nunca me senti assim antes. Simplesmente não posso fazê-lo. Não sei o que está acontecendo. A parteira sabe... nós trocamos um olhar. Ela sabe que eu sei. Agora o bebê começa a chegar; ela diz: 'Há alguma coisa errada... não está do jeito certo... Jesus, o útero está se rompendo... está aberto. Meu Jesus!' Posso sentir o pânico e o calor... alguma coisa escorre ao longo de minhas pernas mas estou começando a ir, começando a desmaiar. Ele diz: 'Não a deixe morrer agora, não a deixe morrer.' Mas eu mal posso ouvir. A parteira diz: 'Meu Deus, olhe como está o útero... parece um pedaço de queijo.' Estou fora agora... não sei, será que morri? Penso que não... não ainda... Ele diz: 'Sua mãe disse que ela era tão fraca. Ela nunca deveria ter se casado.' Estou deixan-

105

do o corpo agora, estou flutuando fora dele... nenhuma dor... apenas me afastando. Tudo que eu ouço é: 'Ela nunca deveria ter-se casado, ela nunca deveria ter-se casado.'"

A morte ligou o conceito de casamento ao de destruição do útero. O comportamento do marido sobre os dez filhos anteriores sugeriu a Kay que os partos de alguma forma "esgotavam" o útero, e essa imagem — o útero consumido, imprestável — levou Kay a uma nova vida, na qual ela era um homem. Era um estudante de medicina no século XVIII na Inglaterra, esperando uma aula de anatomia.

"Estou olhando para um desenho, uma representação dos órgãos femininos de reprodução, e isso é estranho. Posso ver do meu ponto de vista atual que é muito primitivo, quase completamente errado. Mas lá estou, acreditando nele, quero dizer, posso ver a mim mesma acreditando que é assim que esses órgãos são. Eu sou homem. Não tive nenhum conhecimento de primeira mão. As coisas eram diferentes então. Eles estão nos dizendo que o feto é concebido como um bebê completo, que vai crescendo, mas nunca muda de forma. E o útero... parece ser feito de renda, algum tipo de material como favo de mel. Ele nunca suportaria um bebê... parece que é cheio de furinhos."

Esta descrição é uma variante da descrição da parteira do útero de Kay, parecendo "um pedaço de queijo". Um terceiro incidente, uma cena da mesma vida, reforçou a imagem.

"Observando uma autópsia sendo feita por um professor de cirurgia. Estamos vestidos com aventais de couro fino, mais parecidos com açougueiros do que com médicos, e ele está cortando como um açougueiro. Suponho que essa mulher tenha morrido há algum tempo... muitos dias. De qualquer maneira ela parece que... tinha cinqüenta anos, talvez... difícil dizer. Ele tira o útero fora. Oh, está em farrapos. Horrível... ela morreu durante um parto. Ele diz: 'O útero de uma mulher com sete filhos. Está totalmente destruído, como em muitos casos de gravidez em série.'"

Quando avançamos nessa vida, descobrimos que Kay resolveu não lidar com órgãos reprodutores, e tornou-se especialista em ouvido, nariz e garganta. Com essa sessão estabelecemos a ligação entre o conceito de Kay do estado matrimonial — uma situação de estresse constante focalizada no útero — e o exame que inesperadamente descobriu o câncer. Tivemos então de nos ocupar de sua culpa sexual.

"Está frio. Estou acendendo o fogo. Completamente só. Inverno. Em... onde? Não sei — parece algum estado do norte dos Estados Unidos. Estou em uma cabana esperando e sei que vou ter um bebê. Não está acontecendo ainda, mas só penso numa coisa... eu não quero perder esse bebê. Perdi quatro já.

"Meu marido está fora. Ele usualmente sai por quatro dias, mas dessa vez já está fora há quase uma semana e ainda não voltou. Está certo, concordo que seja assim, mas esse é um momento especial. Não quero perder esse filho, e se ele estivesse aqui... estou confusa. Sinto como se devesse procurá-lo, mas não sei onde procurar. A espera está me matando. Vai escurecer logo, não posso sair agora. Estou na porta. Está claro, frio. Não neva.

"Há uma espécie de grito. Do bosque. Posso sentir meu abdômen tenso. Quero correr para casa, mas sei o que vai acontecer. Ele saiu da floresta, Daniel, este é seu nome. Ele está ferido.. Eles fizeram cortes em sua pele. Ele está correndo em direção a mim... aos tropeços, numa corrida irregular pelo campo. Já ouvi falar disso, como os índios fazem esse entalhe ritualístico, mas é difícil de acreditar. Como espinha de arenque em seus braços e no peito. Ele está chegando, já posso falar com ele se quiser. Quero correr para encontrá-lo, mas meus pés estão travados. Ele fará isso para mim. Está me chamando e me alcança. Começa a falar. Então eu ouço... um ruído surdo. Contra mim. Ele cai contra mim. Há uma flecha em suas costas. Eu estou começando a vomitar. Eu queria... oh, eu queria não ter de fazer isso. Vomitar agora, eu queria mantê-lo em pé. Eu não posso. Não consigo."

Quando Kay descreveu sua náusea, pude perceber sua vergonha, seu medo, sua humilhação por não ser capaz de enfrentar a situação estressante. Mas isso foi apenas o começo.

"Há um guerreiro em pé perto de mim. Ele está esperando que eu acabe. Um jovem índio muito alto. Em um cavalo. Ele desce e me pega pelo braço. Quero que alguém tome o comando, mas eu estou pensando... não me toque... não fira o bebê. Mas Daniel está morto... quem cuidará do bebê? Minha cabeça está rodando, é tudo o que sinto. Ele segura meu braço, conduzindo-me. Não parece haver nenhuma brutalidade nele. Está me levando para dentro de casa. Estamos dentro. Oh, meu Deus, há apenas uma coisa que esse homem pode fazer agora. Ele me pôs na cama e está começando a me tocar. A me despir. Não sei, não sei: estou... sinto vergonha... toda sobre meu corpo. Ele está olhando para o meu corpo. Mas é tão gentil. Tão delicado. Eu não posso... não há nada que eu possa fazer. Não, isso não é verdade. Eu tenho o dever de não corresponder. Eu estou... ele está me excitando."

Kay descreveu um longo e gentil ato sexual, no fim do qual ela teve um orgasmo infeliz. Acompanhando essa sensação física estava um esmagador sentimento de culpa e vergonha porque ela estava fazendo sexo com o assassino do seu marido alguns momentos depois de o assassinato ter acontecido. Os sentimentos, que tinham sido confusos no começo do episódio quando ela não conseguira correr para salvar o marido, ficaram presos num círculo de prazer-culpa-vergonha-medo.

"Ele olhava para mim, falando em alguma língua que eu não conseguia entender... num tom muito suave, mas eu não sei o que dizia. Finalmente me explicou... que isso era uma espécie de coisa tribal. Era ele ou eu. Ele ou eu. A lâmina de uma faca veio em minha direção. Na garganta. Tão de repente. Senti o sangue escorrendo no pescoço. Até o meu peito. E agora meu ventre. Estou tremendo, me contraindo. Não sei o que fazer. Nada... apenas ceder... ceder. Ele rasgou lá. Meu útero. Meu feto. Não tem como eu saber disso. Já devo estar morta. Devo estar. Mas há essa coisa. Na minha mente ou onde quer que esteja. Não é exatamente um pensamento. Ele matou o bebê; ele me matou. Eu e o bebê."

Não determinamos o momento exato da morte; mas uma coisa ficou certa: a lição deixada a Kay de que o orgasmo estava irrevogavelmente ligado à morte, à culpa e ao dano do útero. Depois dessa sessão, trabalhamos muitos fragmentos de vidas em que Kay morrera durante a gravidez e cobrimos longamente uma vida na qual, como uma mulher esquimó, ficara congelada até morrer com uma criança ainda não nascida em seu útero. Nessa vida ela foi capaz de identificar o momento da morte do feto, muito depois que o entorpecimento e a inconsciência a haviam tomado. Ela sentira uma culpa anormal numa situação em que estava literalmente congelada, incapaz de se mover ou cuidar de seu bebê não nascido.

Na última vida que trabalhamos com Kay, ela nunca engravidara. Tinha sido uma gêmea nascida em segundo lugar, numa família de doze. Vivia numa família pobre na Irlanda, durante a grande fome pela escassez de batatas. Kay pôde se lembrar de que sua mãe não tivera leite e que ela fora criada sugando um saco de farinha cheio de xarope açucarado. Era uma criança extremamente lenta e diziam na família que devia ser um pouco amalucada, frase que servia para toda espécie de doença mental, inclusive retardamento. Com catorze anos não tinha ainda menstruado, e sua mãe ficara preocupada, com medo de que ela fosse estéril. Convencida de que Kay era "habitada por maus espíritos", consultara um padre em vez de um médico.

"Posso ouvir minha mãe falando com ele. Estou deitada nua sob um lençol, eles estão fora. Minha mãe diz: 'Ela não deve ter útero. É pecado dela, não é para entendermos.' O padre murmura alguma coisa. Agora entram. Está muito escuro e tenho muito medo. Não sei por quê, exatamente. É isso, não sei o que ela quer dizer com pecado. Eu não fiz nada. Nada que eu saiba. Estou somente debaixo desse lençol, ele poderá me ver, se olhar. É um homem moço, por que não podia ser um velho? Ele é jovem. Com uma toga, com um... pequeno pote que está balançado. Incenso... e está falando latim. Ela pensa que eu não tenho útero. Talvez eu não tenha... isso é o que eu estou pensando. O que há de errado comigo? Eu me sinto tão envergonhada. Por que ele está olhando para mim? O que está dizendo em latim? Começo a chorar... choro muito."

A morte nessa vida ocorreu muitos anos depois, mas Kay nunca ficou menstruada. Viveu solitariamente na casa de seus pais enquanto os outros irmãos se casaram e foram embora. Quando estava acamada por resfriado, ouviu o seguinte:

"Mamãe... ela é uma velha senhora agora, está dizendo: 'Talvez seja melhor assim. Ela nunca foi certa, na verdade. Não se pode ser uma mulher completa sem filhos, isso é certo. E não se pode ter filhos sem útero.'"

A experiência de Kay nessa vida recapitulou muitas das emoções que já havia sentido e adicionou um "aviso" nas palavras finais de sua mãe: "Não se pode ser uma mulher sem filhos" e "Não se pode ter filhos sem útero". Esta frase me sugeriu que Kay estava na verdade tomando cuidado, evitando ter uma criança por medo de gerar inconscientemente a destruição do útero.

Numa tentativa de achar reforço para essas emoções, retornamos ao período pré-natal desta vida. No oitavo mês de gravidez, encontramos o pai de Kay apresentando a seguinte solução para a fertilidade de sua mulher:

"'Por que você não o corta fora quando a criança nascer? Tire o útero inteiro... Acho que li sobre isso em algum lugar.' Mamãe está... posso sentir seus músculos se contraírem por causa da sugestão. Ela diz: 'Que coisa para dizer, o útero de uma mulher é a coisa mais importante para ela. Não vou me mutilar para que você se divirta.' Ele ficou furioso, mas ela... ela o olhou sair do quarto. Para fora de casa."

Com esse argumento a mãe de Kay reiterou a filosofia que a mãe irlandesa há muito tempo introduzira: "O útero é a coisa mais importante para uma mulher — uma mulher é incompleta sem o útero." Kay lembra que nas primeiras consultas com o ginecologista sobre o teste de câncer ele tinha sido muito direto sobre o resultado.

"Ele me disse: 'Espero que você não seja uma dessas mulheres que acham que o parto é tudo. Que você não pode ser uma mulher completa sem filhos. Isso é bobagem.' Eu reagi de modo terrível quando ele disse isso. Acho que ele estava tentando me preparar. Reagi violentamente. O que o ginecologista sugeriu era contrário ao "treinamento" de Kay durante muitas vidas. Sua reação violenta ajusta-se perfeitamente aos padrões que ela havia descoberto. A última sessão com Kay produziu duas breves cenas do terceiro e quarto meses do período pré-natal:

"Mamãe está sentada em uma cadeira, pensando: 'Pobre Ellen, está com câncer.' Ellen era uma tia minha... já morreu. Ela deveria estar viva aqui. 'Ela tem câncer. Tomara que a tratem em tempo. Detestaria perder um seio desse jeito, mas preferiria saber se tivesse câncer. Talvez eu esteja grávida. Espero que sim. Deveria fazer um exame, mas tenho medo. Queria saber se o útero é mais suscetível ao câncer que o seio. Mas não quero saber muito...' Ela está balançando a cadeira, chove lá fora."

Um mês mais tarde os pais de Kay estão jantando. Kay relembra:

"Ela está comendo, muito nervosa, esperando para dizer alguma coisa, esperando o momento oportuno. Está irritada. Meu pai está comendo, e ela pensa: 'Gostaria que ele parasse de ler esse jornal maldito.' Ele não pára. Ela acaba dizendo: 'Bom, eu não tenho câncer... o médico disse que estou grávida.' Ela não sabe o que ele vai dizer. Ela aguarda. Ele diz: 'Muitíssimo obrigado. É justamente aquilo que precisávamos — um outro filho.'"

Com essa afirmação, fechamos o círculo com Kay Folger. A frase que começou sua terapia a terminou. Ela voltou ao ginecologista e fez outros testes de câncer uterino. Todos foram negativos. O casamento aconteceu na data marcada. Dois anos mais tarde ela deu à luz um saudável menino.

A melhora do estado emocional de Kay foi rápida o suficiente para justificar o cancelamento de uma cirurgia imediata. Naturalmente, ao tratar de um câncer incipiente estamos, de certa forma, brincando com fogo. Caso o paciente não melhore, ou tenha dificuldade em encontrar a ligação entre seu câncer e o componente emocional que o está causando, o tratamento médico torna-se necessário.

O caso de Kay não é comum, mas acredito que indique uma área inexplorada para a pesquisa na prevenção e tratamento de uma moléstia que está se tornando uma obsessão internacional.

III
Os Ciclos da Vida

Em mais de duas décadas de trabalho com a terapia de vida passada fui capaz de fazer algumas generalizações. Cada paciente é único, cada problema individual. Cada vida tem seus eventos cruciais, os momentos isolados quando os padrões de controle são introduzidos. Uma regra geral impõe-se no entanto: a parte principal da terapia concentra-se em três fases especiais do ciclo da vida: o período pré-natal, o nascimento e a morte. A grande maioria dos incidentes de vida passada que eu encontro se desenrolam numa dessas três áreas. Nesta parte dediquei um capítulo para cada experiência. Cada uma provoca um tipo particular de trauma, com seu significado próprio no ciclo completo de vida.

O capítulo final trata de uma área que escolhi para destacar dos outros casos: o espaço entre vidas. Esse vazio onde a mente inconsciente aguarda para escolher um novo corpo pode ser visto como o fim ou como o começo do ciclo da vida. Esse espaço tem uma forte atração para muitas pessoas. Infelizmente, descobri que, nesse campo, a terapia é menos útil do que eu esperava. Pesquisarei as razões para esse valor limitado, e veremos um caso no qual sua exploração foi produtiva, no capítulo final desta parte.

13. O PERÍODO PRÉ-NATAL

Se a reencarnação ocorre, cada vida não é mais do que um simples ciclo num padrão sem fim. Nossas vidas são como uma série de jornadas, e cada jornada começa no útero. Qualquer mãe que já tenha sido acordada por um feto esperneador pode confirmar que há vida física antes do nascimento. Através da terapia de vida passada foi descoberto que o feto é capaz de percepção inconsciente, como também de ter consciência de tudo o que está acontecendo ao seu redor.

Essa vida dentro do útero é envolta em mistério, como se um véu fosse colocado sobre nossa consciência pré-natal ao nascermos. Dentro do útero não há qualquer mente consciente presente, e o começo da consciência no nascimento parece fechar o acesso ao inconsciente. Na terapia de vida passada retornamos a esses cruciais nove meses e lá encontramos as raízes do comportamento de todo paciente.

Entre as características do período pré-natal, talvez a principal seja que é o único período de tempo prolongado em que a mente inconsciente funciona sozinha, sem o auxílio da consciência. Anteriormente, comparei o inconsciente com um gravador que grava tudo sem discriminação, guardando a informação sem interpretá-la. Com efeito, o feto grava todos os pensamentos da mãe como se estes se referissem a ele.

A criança por nascer, esperando o começo da vida consciente, é profundamente afetada por essa consciência pré-natal. Sem qualquer mente consciente para discernir ou interpretar, o inconsciente recorda todos os incidentes de vida passada que sejam acionados por acontecimentos na vida da mãe. Esses incidentes moldam os padrões de comportamento da criança. Ao nascer, o infante começará a vida tentando resolver esses eventos sem mesmo saber quais são.

Como os padrões de vida são determinados no útero, é essencial que o paciente percorra os eventos de sua concepção e desenvolvimento fetal em detalhes. Qualquer vida passada que encontre deve estar relacionada a um incidente do período pré-natal de sua vida presente. Não é possível desligar um paciente da sua vida passada sem também desligá-lo do incidente fetal que acionou a memória inconsciente daquele incidente. Por isso, quase toda sessão terapêutica inclui trabalhar com o período pré-natal.

Há quatro fases separadas e distintas no período pré-natal: o momento da concepção, o período quando a mãe começa a suspeitar que está grávida, o momento da confirmação e o tempo restante antes do nascimento. Cada fase está sujeita a seu próprio tipo de trauma e estresse. Contudo, um paciente raramente envolver-se-á com essas fases, nessa ordem. De maneira geral, permito ao paciente percorrer a seqüência dos incidentes de vida passada que pareçam estar ligados a um trauma semelhante e depois peço-lhe que atinja o período pré-natal e encontre o evento ou frase que acionou essas lembranças. O terapeuta nunca sabe para onde o paciente o conduzirá, mas geralmente encontra traumas nas quatro fases do desenvolvimento fetal.

Algumas vezes o terapeuta pode se ocupar de um paciente que permaneça extremamente relutante em retroceder ao período pré-natal. Essa relutância geralmente indica alguma coisa fora do normal escondida naquele período. Quando isso ocorre, é duplamente importante que se descubra o que está sendo escondido.

Para a paciente Janice Hallister havia um bloqueio imediato. Ela veio a mim reclamando de uma variedade de problemas — dores de cabeça, espasmos no cólon, insônia — mas todas as dificuldades pareciam terminar em crises violentas de raiva. Esses períodos de raiva irracional pareciam significar mais do que uma simples insatisfação com a vida. Eles eram seguidos por uma sensação de vazio cercando a paciente. Algumas vezes ela permanecia na cama, de janelas fechadas, por dois dias ou mais após tais crises.

Os acessos ocorriam como conseqüência de diferentes acontecimentos, e a paciente admitiu que, às vezes, ela se surpreendia repreendendo severamente os mecânicos na oficina, os vendedores nas lojas e outras pessoas que não tinham nenhuma importância para ela. Mas suas explosões de raiva eram mais freqüentemente dirigidas aos homens de sua vida. Como resultado, não conseguia manter nenhum relacionamento por muito tempo. Ela achava seus namorados ou muito dependentes dela, ou exigindo sua dependência deles. Essas situações conduziam à hostilidade franca por parte de Janice; uma após outra, suas ligações românticas explodiam.

Várias coisas que Janice disse na sua entrevista inicial indicaram uma grande identificação com sua mãe no período pré-natal. Ela descreveu seu envolvimento com a psicanálise como "uma longa e difícil estrada". Também me disse que, após a morte de sua mãe, preferira viajar três mil milhas para casa de ônibus, embora pudesse ter comprado uma passagem de avião. Novamente, ela escolhia um longo e difícil caminho. Senti que os nove meses no útero tinham sido, provavelmente, a primeira e difícil longa estrada desta vida e, quando a paciente recusou-se a explorar exatamente essa área de sua vida, cheguei à conclusão de que eu estava certo.

Encontramos várias vidas passadas nas quais Janice tinha sido gêmea; numa delas tinha sido uma gêmea siamesa, lutando por uma posição dominante no útero. Em cada uma dessas vidas tinha havido uma luta idêntica, mas nenhum sinal de fúria. Janice revivia essas lutas em seus atuais relacionamentos com os homens, mas uma vez que se recusava a explorar o período pré-natal, era impossível apagar completamente a memória de vida passada. As nossas primeiras tentativas de alcançar o período pré-natal atingiram o período de sua concepção, mas ela não estava disposta a ir em frente. Descreveu uma morte num campo de batalha durante a Segunda Guerra Mundial, e eu sabia que a concepção após essa morte fora a que a trouxera para a vida presente.

"Ouço gritos e os sons de artilharia. Explosões, gente gritando. Não estou mais lá, embora esteja me movendo em algum lugar onde ouço sons semelhantes."

"De que você está consciente quando se transporta para essa vida? O que é que você ouve que lhe é familiar?"

"Está tudo preto, úmido... vozes de meus pais. Mas eu não quero lhe dizer nada sobre isso, não entrarei nessa vida. Não me force. Não há nada aqui para falar a respeito, não me faça entrar no útero."

Partindo disso, pude concluir que Janice tinha sido concebida em circunstâncias que se relacionavam com batalha. Tentamos várias outras maneiras de entrar no útero, mas não conseguimos transpor o bloqueio. Cada vez que nos aproximávamos, eu era brindado com as mesmas frases citadas acima. Então compreendi que essas frases deviam fazer parte do trauma pré-natal. Decidi procurar por elas na infância da paciente, com o objetivo de alcançar o período pré-natal.

"Vá para um período desta sua vida atual, durante sua infância, e veja se você pode encontrar a frase 'Não quero entrar lá, não me faça ir', ou 'Não me force, eu não entrarei lá'. Onde você está?"

"Tenho dois anos de idade. Meus pais estão conversando. Minha mãe está dizendo: 'Maldito! Vá sem mim; eu ficarei com o nenê e você pode ir', mas meu pai a está tratando com sarcasmo: 'Quero que você vá também, é mais divertido assim. É apenas uma casa de diversões'. Ela diz: 'Não me venha com isso! A última vez foi horrível. Não entrarei naquele lugar. Casa de diversões... É horrível, assustador. Estou avisando, não me force.'"

"Agora, o que lhe vem à mente quando você pensa nestas mesmas frases no período pré-natal? Dentro de sua mãe, quando ela está dizendo 'Eu não entrarei lá, não me force.'?"

"Há muito barulho. Ela está tremendo, olhando para a entrada de uma casa de diversões e dizendo justamente isso: 'Não me force.' Ela está pensando 'Maldito! Porque deixei que me trouxesse? É óbvio que ele não se importa com meus sentimentos. Por que não protesto mais violentamente? Ele não pode fazer isso comigo. Está quente. Eu não posso respirar aqui'".

"Sua mãe sabe que está grávida?"

"Acho que não. Ela não está pensando nisso. Posso sentir as paredes do útero à minha volta, tensas. Ela grita. Meu pai diz: 'Você adora isso, você bem sabe o quanto adora isso.' Ela bate nele. Está realmente amedrontada, isso é tudo que eu sei."

Uma vez quebrada a barreira para penetrar no período pré-natal, a paciente não teve mais dificuldades para retornar lá. A frase "Eu não entrarei lá" atuava como uma ordem de desligamento, bloqueando o acesso ao útero. Este é um exemplo excelente do tipo de gravador que descrevi.

As vidas passadas de Janice eram fracas em comparação ao trauma do período pré-natal. Retornamos ao campo de batalha da Segunda Guerra Mundial (na qual Janice tinha sido um rapaz) e, novamente, percorremos a cena de sua concepção.

"Está tudo preto e úmido. Ainda não estou dentro. Não sei onde estou. Eles estão fazendo amor, mas estão brigando, ele pragueja: 'Deite-se, sua cadela suja.' É uma linguagem que nunca se fala, como que tirada de um livro. Ela grita para ele: 'Tire esta coisa de cima de mim. Para fora de mim, seu bastardo! Afaste-se de mim.' Não entendo o que está se passando. Ela o está mordendo e... oh, Meu Deus, eu estou aqui. Estou dentro. Dentro do útero. Está agitado. Ela grita: 'Não posso evitar, eu o odeio, eu o odeio, eu o odeio.' Tudo escureceu. Eu não posso... pareço perdida. Completamente perdida. Ela não está mais lá. Sinto como se nós tivéssemos morrido. Posso ouvir meu pai dizendo: 'Volte, volte, volte para mim. Você está bem? Você está louca ou o quê?' Agora nós estamos voltando (ela está voltando a si), posso senti-la movendo-se. Ela está no banheiro pensando 'Gostaria de poder tirar tudo isso de mim; de dentro de mim e dar descarga. Não sei o que acontece comigo.' Ela sente muita vergonha, tem vergonha de corresponder ao sexo dessa maneira. Acho que foi assim que fui concebida."

Janice deixou uma situação de guerra e nasceu em outra (a evidência para este tipo de mudança de vida para vida é explorada mais adiante, no capítulo 16. Com o propósito de examinar o período pré-natal, é suficiente relatar que isso é o que Janice recordou). Seus pais, foi revelado, tinham um relacionamento sadomasoquista, no qual constantemente se puniam. De tempos em tempos, durante as sessões, a paciente revelava as brigas "de faz de conta", que culminavam em relações sexuais. A mãe de Janice não tinha, obviamente, forças para controlar seus instintos neste ponto; as sessões deixavam Janice com uma sensação de baixo conceito de si mesma e de solidão. O mesmo acontecia no período de desligamento (desmaios), logo depois do orgasmo, que não foi explicado, a não ser depois de um incidente que ocorreu mais adiante: o momento em que a gravidez foi confirmada.

"Num consultório médico. As paredes do útero estão rígidas. Eu sei que alguma coisa está errada. O médico está gritando com minha mãe. Tem havido muitos gritos. Ele está dizendo: 'Não há nada que você possa fazer a respeito', e ela grita de volta: 'Não me diga isso. Não quero ouvir. Não preciso saber disso por você.' Ela está fora de controle. Exatamente como eu fico. É assim que eu fico quando tenho minhas crises. Embora esteja tão raivoso quanto ela, ele diz: 'Olhe: Você vai ter um nenê. Não há nada que você possa fazer a respeito. Sente-se, cale-se e acalme-se.' Eu ouço uma porta bater. Ela apanhou alguma coisa e a está jogando contra a parede. Há um barulho. Agora ela está saindo de si novamente. Eu sinto esse desaparecimento, essa saída. Como se estivéssemos morrendo. Estou horrorizada, como se estivesse rodopiando em círculos. Tonta... Posso ouvir a voz do médico... O médico está dizendo: 'Meu Deus, além de tudo, ela é uma epiléptica.' Nós estamos fora. Escuridão."

Com essa sessão, senti que alcançamos uma explicação para os longos períodos "mortos" que Janice sentia após seus acessos de raiva — os dias passados de cama, com o telefone fora do gancho e as cortinas cerradas. A rejeição fora reforçada pelos desmaios da mãe enquanto o acesso acontecia, ligado ao seu gênio violento. Cada vez que Janice se encontrava numa situação em que a dependência era uma saída, na qual o comportamento conjunto era um tópico importante, ela tinha ataques físicos. Apesar de não ser epiléptica, seu comportamento seguia os padrões de um epilético.

Um evento final assomou no período pré-natal de Janice — uma discussão entre sua mãe e sua avó, durante o sétimo mês de gravidez.

"Eu posso sentir a frustração de minha mãe. Ela está descontando em mim, quero dizer, eu estou sentindo as cólicas, o aperto, aquele terror que toma conta de mim quando sei que vou explodir. Acho que são as sensações dela que estou experimentando. Não sei dizer. É como se ela estivesse fazendo o papel de uma criança perante sua própria mãe, sinto muito... estou muita confusa. Sou uma criança e ela é minha mãe, mas ela é uma criança gritando com sua própria mãe. Ela está dizendo: 'Você tem de aceitar. Pode falar com o médico se não acredita em mim.' Minha avó grita com ela: 'Não vou aceitar isso. Não vou aceitar uma coisa dessas. Você nunca me conta nada, só o que me machuca. Você está inventando isso. Eu sei, conheço seu jeito.' Minha mãe grita: 'Tenho ataques epiléticos, tenho ataques. Ouça-me, pelo amor de Deus.' Ela bate na mesa. Agora minha avó está gritando ao mesmo tempo: 'Não tenha acessos de raiva comigo, sua cadela, vá gritar com aquele seu homem nojento.'"

Com essa frase atingimos o problema de Janice. Inconscientemente, ela estava seguindo o conselho que sua avó tinha dado à sua mãe. Ainda havia um nascimento traumático para percorrer, mas eu sabia que o período pré-natal, com seus acessos, raivas, sexo violento e, finalmente, a sugestão de que desabafar sua raiva nos homens ou no companheiro era a solução para as coisas, era o ponto crucial do problema de Janice. Isso não quer dizer que a terapia de Janice não fizesse referência às suas vidas passadas. Chegamos a quase todos os incidentes do período pré-natal a partir de algum ponto no passado. Mas, definitivamente, os eventos do período pré-natal tinham tido um significado mais direto na vida atual de Janice do que os traumas de suas vidas passadas. Embora isso não seja comum, ilustra a importância essencial do período pré-natal em todos os casos. É o mais longo período nas nossas vidas em que a mente inconsciente reina absoluta, sem a mente consciente para analisar ou atuar como um filtro. Nesse espaço embrionário, as regras do jogo, por assim dizer, são estabelecidas por nós. As ordens que nos confrontarão durante a vida consciente são introduzidas e a memória de certos traumas da vida passada cristalizadas. Logo que esse preâmbulo é montado, torna-se inacessível pela emergência da mente consciente no nascimento.

14. O NASCIMENTO

De maneira alguma é demais sugerir que o trauma do nascimento afete grandemente nossas vidas. O trauma do nascimento é muito discutido nos textos de psicologia e livros populares sobre comportamento humano. Minhas experiências com a terapia de vida passada adicionam um único fator significativo ao que outras pessoas já disseram acerca do assunto: o trauma do nascimento está profundamente relacionado com os traumas de vida passada e do período que antecede ao nascimento. O fator do comportamento humano mais influenciado pela experiência do nascimento é a capacidade de controlar o estresse.

O nascimento é a primeira experiência estressante pela qual passamos. A mãe, geralmente, acha que dar à luz é a mais pesada e estafante experiência de sua vida. Nossa reação ao estresse, no decorrer de nossas vidas, fica naturalmente relacionada a essa primeira e maciça dose de estresse. Se a mãe enfrenta a situação com uma grande vontade e profundo amor pela criança que está nascendo, e se os médicos, enfermeiros e o pai, quando presente, controlam a situação com calma e confiança, a criança tem grande chance de utilizar outros atributos positivos quando deparar com o estresse no futuro. Se, por outro lado, a situação do nascimento é complicada e enfrentada com pânico, uso de drogas e rejeição da criança, o estresse será um problema em sua vida, como para uma mulher chamada Delia Hall.

Delia não possuía nenhum mecanismo para enfrentar o estresse. Tinha vinte anos, mas se comportava como uma criança. Porque era suscetível a repentinos ataques de raiva, choros, dores de cabeça, contrações musculares e outras desordens comuns às vítimas de estresse, um médico tinha prescrito seis medicações separadas, incluindo um antiácido, tranqüilizantes e analgésicos, que ela tomava todos os dias. Delia sabia que esse não era um padrão saudável de comportamento; procurou então um terapeuta a fim de descobrir a fonte de sua incapacidade de viver normalmente. Ela resumia seu problema em uma frase: condenação iminente. Sentia a morte espreitando-a em cada esquina, catástrofes aguardando-a pela manhã. Não conseguia encarar o dia sem seus comprimidos matinais. Não conseguia enfrentar a noite sem suas pílulas. Ficava totalmente dominada por qualquer homem com quem estivesse namorando. Sentia-se atraída por homens que, tal qual ela afirmou, "Não me pedem para tomar nenhuma decisão, mesmo quando detesto as decisões que eles tomam por mim". Quando não estava sendo controlada por homens, ficava sob as ordens de uma mãe que tinha usado a gravidez e o nascimento de sua filha como uma desculpa para se comportar como mártir.

A gravidez tinha sido um erro: Delia fora concebida logo após seu pai ter retornado da prisão, onde havia ficado por mais de um ano. A mãe tinha sido advertida para não ter mais filhos depois que seu último nenê havia nascido morto. Naquela época, ela tinha sofrido uma queda de útero, e sua área pélvica tinha sido danificada por um acidente anterior. Desnecessário dizer que o período da gravidez não tinha sido de modo algum calmo.

As vidas passadas de Delia eram repletas de cenas de tortura nas mãos dos homens. Ela encontrou múltiplas cenas de abuso sexual e tortura que, com freqüência, tinham sido mortais. No momento da morte, ela repetidas vezes ouvira algum homem dizendo "Agora você a matou", ou "Isto a matará" ou alguma outra variação. Essas frases foram reativadas no período pré-natal, quando o marido da senhora Hall e seu médico pediram a ela para fazer um aborto. "Esta gravidez vai matá-la", "Pode matar você", "Você pode morrer". A senhora Hall na ocasião rejeitou a idéia de aborto, mas tornou-se extremamente dependente de tranqüilizantes para acalmar suas preocupações a respeito do parto que se aproximava.

O obstetra disse com antecedência que o nascimento de Delia não seria normal. O médico fez o parto numa sala de cirurgia bem equipada e com um anfiteatro, de maneira que outros médicos e estudantes pudessem observar o trabalho. Por alguma razão, recusou-se a executar uma cesariana, apesar do útero caído da paciente, fazendo com que o nascimento de Delia se tornasse arriscado. Na sexta sessão, depois de pesquisar o período pré-natal, finalmente encontramos a cena do parto. O diálogo que se segue é uma reprodução do primeiro encontro de Delia nesta vida com o estresse tal qual o relatou:

Doutor Netherton: Agora eu gostaria que você se transportasse para a cena do seu nascimento: O que você vê, ouve, pensa e sente?
D: Oh, meu Deus, agora não. Eu não estou pronta, não está na hora.
N: Quem está dizendo isso?
D: Mamãe. Oh, dor, eu sinto dor.
N: Sua mãe está em trabalho de parto?
D: Sim. Eles a estão levando para o hospital. "Façam alguma coisa... Salvem o meu nenê. Dêem-me alguma coisa, não suporto a dor", ela vai gritando, em pânico.
N: Sua mãe está no hospital agora?
D: Não sei. Eu vejo branco... uma mulher vestida de branco, em pé, acima de minha mãe. Uma agulha... Ela diz: "Isso tornará tudo mais fácil para você. Apenas relaxe."
N: De que você está consciente agora?
D: Mamãe está se afastando de mim. Ela está relaxando; eu me sinto amedrontada. É como se estivesse partindo, como se estivesse morrendo e me deixando sozinha, logo quando eu mais preciso dela.
N: No nascimento?
D: Sim, estou com medo.
N: O que está acontecendo agora?
D: Alguém está dizendo: "Apliquem outra injeção, mantenham-na calma. Se não a mantivermos sob controle, ela terá problemas sérios."
N: O que está acontecendo com sua mãe para o médico querer aplicar outra injeção?
D: Sinto um tipo de turbulência. Ela está se movendo.
N: O que está acontecendo agora?
D: Sinto uma agulha no meu braço... no braço dela, acho. Estou me sentindo mais calma agora, anestesiada, amedrontada. Mamãe está indo. Não sei como me arranjarei sozinha.
N: Onde está sua mãe?
D: Sobre uma mesa, num quarto branco. Ela está vendo branco por toda parte. O médico diz: "Coloquem-na mais tempo sob controle, não queremos mais nenhum problema." Eles aplicam outra injeção e agora eu sinto como se não pudesse sair. Como se houvesse alguma coisa me segurando, segurando minha mãe, esse medo, essa tontura. Nós nunca sobreviveremos. Acho que são todas essas drogas. Eu me sinto dormente e penso que ela vai morrer. Um médico está praticamente gritando: "Você devia ter feito cesariana, mas agora é tarde. Você nunca vai conseguir que este nenê nasça vivo." Agora eles estão brigando. O outro diz: "Naturalmente que conseguirei, vou virar o nenê em volta da placenta." O primeiro médico diz: "Boa idéia, isso vai matar o nenê. Provavelmente você irá matar os dois." Eu estou aqui embaixo sozinha. Estou emperrada, não há nada que eu possa fazer.

O diálogo reforçou o sentido de estresse que conduzia à condenação; ao mesmo tempo, acionou várias mortes por tortura em vidas passadas, em que as frases "Você a matou" e "Isso a matará com certeza" tinham sido sempre seguidas pela morte. Uma lembrança mais profunda das cenas de tortura ainda estava por vir.

D: Eu sinto pressão, alguém está pressionando o estômago de minha mãe. Parece-me que ela está morta. Agora uma dor lancinante, fria, só sinto o frio e uma punhalada. Algum metal frio, uma ferramenta, no meu ombro esquerdo. Eu estou passando apertada contra alguma coisa, alguém está dizendo: "Você nunca conseguirá que esse nenê se vire na placenta." Agora há uma pressão terrível em minha cabeça e ombro, meu pescoço, alguém está puxando, empurrando, um deles diz: "Tenha cuidado agora, você vai matá-lo."

N: Quem está dizendo isso?

D: O primeiro médico. O outro diz: "Saia da frente, tudo está bem."

N: O que está acontecendo agora?

D: Está emperrado. Não vai mais para frente.

N: O médico está dizendo isso?

D: Sim. Eu me sinto emperrada. Amedrontada. "Você nunca fará isso. O nenê vai morrer antes que você consiga fazê-lo nascer." "Segure isso, eu vou empurrar."

N: Isso é a conversa entre os médicos?

Délia: Sim. Eu sinto alguma coisa fria e metálica nas minhas nádegas. Está empurrando minhas nádegas. É algo mais quente agora, uma mão, talvez, está puxando meu ombro direito: "Meu Deus, isso deve doer."

N: Quem está dizendo isto?

D: Um dos médicos. "Tenha cuidado, tenha cuidado", alguém está gritando. Há uma agitação.

"Vai ficar emperrado." "Você nunca vai conseguir." Agora alguma coisa está empurrando o lado esquerdo das minhas nádegas. Puxando meu ombro esquerdo. "Deixem-na anestesiada mais tempo, ela está reagindo muito."

N: Quem está dizendo isso?

D: O médico está dizendo isso, a respeito de minha mãe. Ele está aplicando outra injeção; uma força sobre minha cabeça... uma mão. Está apertado, estreito aqui. Estou sendo forçada a virar, está muito difícil para minha cabeça e ombros virarem da maneira como eles estão sendo empurrados.

N: Que palavras você ouve enquanto tudo isso está acontecendo?

D: "Está emperrado novamente. Maldito." "É impossível; este nenê já deve estar morto." "Depois de toda esta complicação, vou tirá-lo, seja de que jeito for."

N: E esse é outro diálogo entre os médicos?
D: Sim. Alguma coisa está me puxando para baixo. Minha cabeça cede e desce. "A cabeça está para baixo, pegue o fórceps."
N: O que sua mãe está sentindo enquanto o médico diz isso?
D: Ela está gemendo. "Não a deixe voltar a si agora." "Mantenham-na sob controle."
N: O que o médico está fazendo agora?
D: Outra injeção. Eu me sinto dormente novamente. Em pânico. Estou começando a ver luz. Minha cabeça está sendo puxada. Agora eu posso ver luz.
N: Você ouve alguma palavra sendo dita?
D: "Parece que está morto", o médico diz.
N: Onde está você quando ouve essas palavras?
D: Eu vejo luz. Sinto uma dor lancinante nos meus olhos quando a luz brilhante bate, como uma enxaqueca. Sinto um medo sufocante, pavor, estou drogada. Há outra voz: "Nunca se sabe o que acontecerá em nascimentos como esse."

Neste ponto fica claro onde teve origem o medo de Delia pelo futuro desconhecido. Sua sensação de destruição iminente fora muito reforçada quando ela começava a emergir do útero para o mundo.

D: Está frio, estou deixando aquele lugar morno e indo para o frio. Aquela dor no meu ombro, do metal frio, está agora no meu corpo todo. É exatamente uma sensação de frio. Eu nunca senti isso antes. Fui empurrada para dentro do mundo, afastada de minha mãe. Eu me sinto completamente sozinha. Ela nem mesmo está se mexendo, estou completamente só aqui. Alguém diz: "Você conseguiu. Parabéns, você não matou o nenê apesar de tudo." "Nem posso acreditar; está vivo." Eles estão andando ao meu redor, abraçados, eu acho. Não tenho certeza. A luz é tão forte. Uma dor cegante nos meus olhos. Mas tudo é tão novo. Não posso determinar essas sensações, são todas novas e ninguém está prestando atenção em mim. Meu Deus!
N: O que aconteceu?
D: Eles enfiaram um tubo em mim, garganta abaixo, alguma coisa está saindo de dentro. Eles estão puxando alguma coisa de minha garganta. Não posso respirar, está bloqueada. Agora estão tirando o tubo, e me deitam na mesa novamente.
N: O que está acontecendo com sua mãe agora?
D: Ela está começando a se mover. O médico diz: "Dê outra injeção nela. Ela ficará boa. Levem-na para a sala de recuperação." Minha mãe está saindo agora. As rodas de sua cama rangem. Os médicos continuam andando em volta. Estão falando com as pessoas no anfiteatro. Não há ninguém para olhar por mim. As enfermeiras se foram. Tudo que eu ouço

é "Parabéns, parabéns". Eu me sinto completamente só, não sobrou ninguém para mim.

Esta sensação de frieza, de solidão, foi a impressão final do trauma do nascimento de Delia. Recordando a cena, contamos o número de drogas dado à mãe de Delia durante e imediatamente após o parto. Foram seis injeções, o número exato de remédios que, no momento, Delia tinha de tomar para viver. Sua incapacidade de lidar com os homens, a não ser como elemento passivo ao comando deles, originara-se dos empurrões e puxões do médico quando ela atravessava o canal do nascimento. O médico que fizera o parto encarava seu nascimento como um triunfo pessoal, tendo pelo nenê propriamente apenas um interesse marginal.

Durante sua terapia, Delia reagira como se essa fosse a única atitude que qualquer homem pudesse ter em relação a ela. Suas sensações de culpa em relação à mãe tinham-se originado nas complicações do parto, que quase a tinham matado. Na qualidade de feto, ela reagira à possibilidade de destruição iminente na sala de parto, reação esta que tentava proteger a ela e a sua mãe, que, embora correndo grande risco, talvez exagerado, não tinha aceitado o aborto no começo da gravidez.

O nascimento de Delia está entre os mais severamente traumáticos que já encontrei. Porém, nenhum nascimento acontece sem dor ou medo. O infante chega a um mundo povoado por médicos e enfermeiras, perfumado com anti-sépticos, decorado com um branco agressivo. De modo geral, as pessoas que participam de uma cena de nascimento acreditam, honestamente, que o nenê não tem percepção e pode ser desprezado enquanto fazem seus trabalhos. Para a equipe do hospital, é um trabalho de rotina; para a mãe e o pai, a experiência pode ser totalmente perturbadora, de maneira que eles esquecem a criança, ou seja, não dão importância a ela logo que nasce. O novo mundo parece ao nenê ser um lugar hostil, onde a dor é infligida rotineiramente e o medo facilmente provocado. Acredito que toda pessoa, ao nascer, experimente algum tipo de trauma. Seria trabalho dos médicos e dos pais limitar o máximo possível a dor e a ansiedade. Uma atenção para com o recém-nascido é essencial. Ele precisa sentir-se acolhido, tocado, em segurança. Com a crescente popularidade do nascimento por métodos naturais, como o método Leboyer, podemos esperar que o trauma do nascimento seja gradualmente reduzido. O resultado, daqui a algum tempo, será uma população muito mais bem equipada para lidar com todo tipo de estresse.

15. A EXPERIÊNCIA DA MORTE

Mais cedo ou mais tarde, toda criança pergunta: por que tenho de morrer? Na maioria dos casos, continuará fazendo a pergunta a vida inteira.

É uma pergunta antiga, naturalmente. Quase todo filósofo lida com ela, e toda religião constrói boa parte de sua doutrina tentando respondê-la. A pergunta não desapareceu; em nossa época, a morte tornou-se um tipo de tabu, como o sexo para os vitorianos. Não sabemos o que dizer aos nossos moribundos, por isso lhes falamos como se estivessem no início da vida. Não queremos olhá-los, por isso construímos locais onde possam manter-se confortavelmente "afastados" da nossa sociedade e os visitamos com tolerância. Quando, finalmente, morrem, nós os limpamos com qualquer meio artificial disponível e choramos porque eles se foram. Alguma coisa está profundamente errada aqui. De alguma maneira, nossa própria má vontade em lidar com a morte nos leva a uma inconsciente tradição que faz pouco para responder à pergunta da criança — por que nós morremos? — e menos ainda para confortar os que estão morrendo e os que enfrentam a perda. Somos vítimas da nossa própria histeria da morte.

Passei a encarar a morte como um começo. Continuo sem resposta para a pergunta. Não sei por que morremos, mas nossa partida desta vida é, para mim, o momento em que ficamos livres para procurar outro corpo. Compreendo que esta atitude entra em conflito com algumas crenças religiosas e que, para pessoas que têm certeza de que a morte é o fim de tudo, é uma tolice. Mas minha experiência com a terapia de vida passada me deixou certo de que realmente voltamos a este mundo. Se a morte é inexplicável, ela não deve, contudo, ser temida.

Tive apenas um caso em que a pessoa que veio a mim sabia ter pouco tempo de vida. A sua terapia foi uma educação para ambos. Seu nome era Grace Nart, e as primeiras palavras que disse na entrevista inicial foram: "Sei que tenho de morrer. Apenas quero fazê-lo com alguma dignidade. E com a menor dor possível."

Grace sentira dores abdominais após o término de seu casamento, que durara nove anos. A dor fora diagnosticada como câncer uterino; uma histerectomia havia sido feita. Mas, após meses, o câncer reaparecera em outra parte de seu corpo. Não havia nenhuma chance de recuperação. Ela entrou na terapia com total conhecimento de sua condição. Seu médico a encaminhara para mim porque ela solicitara ajuda emocional para controlar sua doença. Expliquei a finalidade da terapia e suas limitadas pretensões. Apesar de sua calma, que eu sabia disfarçar um profundo medo de morrer, ela me assustou. Pela primeira vez, eu estava lidando com uma paciente que sabia que nunca poderia "melhorar", pelo menos no sentido tradicional. Fui forçado a redefinir o sucesso da terapia. Tudo que eu podia esperar alcançar era uma partida cheia de paz para Grace, a qual poderia ajudá-la a escolher uma próxima vida mais tranqüila e sem traumas.

A morte é o maior trauma sem solução. É a segunda maior experiência estressante em nossa vida, sendo o nascimento a primeira, como já mencionamos. A morte é o momento em que deixamos tudo por terminar. Se vem repentinamente, levamos a situação não resolvida para uma outra vida. Inconscientemente, tentamos resolver o problema da vida passada na vida presente. Se morremos numa longa, demorada agonia, levamos conosco os sentimentos de amargura e ressentimento que quase sempre acompanham tais situações.

Uma das razões pelas quais a morte é tão agoniante para muitas pessoas é que o morrer aciona um repasse de mortes passadas. O paciente é sobrecarregado com a confusão, a dor, o medo e a incerteza das muitas experiências que passou em mortes anteriores. O meu desejo, em relação a Grace, era dissipar sua aflição acerca da morte, tanto quanto possível, antes que tivesse de sofrer esse evento nesta vida. Uma vez que a reencarnação não pode ser provada, foi um ato de fé presumir que poderia influenciar uma vida futura. Isso não foi tão problemático para mim devido ao fato de que ela estaria mais confortável nesta vida; Grace ia morrer, mas ainda não estava morta. Era uma mulher com uma realidade difícil para encarar, merecendo toda a consideração.

Já explorei nesta obra um caso de câncer uterino em que a doença regrediu ao término da terapia. Muitas das circunstâncias envolvidas naquele caso eram semelhantes àquelas que Grace me descreveu. Ela era uma mulher obcecada pelo seu fracasso com filhos. Tivera uma filha, mas sentia enorme culpa porque não desejara ter mais filhos. Em suas palavras:

"Eu me sinto agora, sempre me senti, como um fracasso porque 'sofri' uma só vez dando à luz aquela criança. Mas eu não conseguiria encarar aquilo tudo novamente, a dor, era como se minhas entranhas tivessem sido rasgadas, num lento e torturante processo. Senti como se tivesse renunciado ao controle do meu corpo e o entregue a pessoas estranhas, deixando-as fazer o que quisessem; aí eu disse 'Nunca mais'. Eu disse 'Viverei sem fazer isso novamente!' Mas nunca, realmente, me senti em paz sobre isso. Eu sabia que outras mulheres tinham passado por aquilo. Algumas delas várias vezes. Eu não conseguia."

Parecia provável que a agonia de Grace no parto devera-se, em parte, à lembrança de experiências traumáticas de parto em vidas passadas. Antes de começar a primeira sessão, pedi-lhe para descrever sua própria mãe, desejando colher alguma coisa a respeito do relacionamento entre mãe e filha.

"Sei que a primeira gravidez de minha mãe foi enervante, porque nunca se cansava de me falar sobre isso. A agonia do parto, do sexo, do casamento em geral era sua canção favorita. Ela partiu quando eu era jovem. Acho que ela queria se vingar de meu pai, fazendo com que eu ficasse contra ele. Na época em que tive minhas primeiras experiências sexuais fiquei aterrorizada. Eu me senti como se estivesse sendo chutada por um cavalo durante todo o tempo.

"Nunca esqueci aquela dor, embora tenha tido uma boa vida sexual adulta. Quando tudo foi por água abaixo e eu soube que estava doente, senti como se fosse uma chaga supurada que não se resolvera. Podia sentir isso dentro de mim. Mesmo depois da operação eu sabia que aquilo continuava lá."

Nós começamos a entrevista com a sensação de supuração, e o medo de uma lesão uterina. Ao deixar sua mente inconsciente levá-la aonde esses sentimentos a conduzissem, Grace se encontrou deitada numa clínica de pobres, sendo submetida a um exame pélvico.

"Estou na Inglaterra, não, talvez na Alemanha... talvez no século XVII, pelo menos vejo as pessoas usando roupas compridas. Estou numa esteira. Há muitos ao meu redor nas esteiras, muitos gemidos, muitas pessoas com dor. Sinto mãos nos meus ombros me segurando, mãos nas minhas pernas, prendendo-as afastadas; sinto tanta vergonha. Homens estão olhando dentro de mim, tenho uma doença terrível e estou muito envergonhada. O médico nem mesmo me olha porque sou tão pobre. Há um homem me olhando com desprezo. Eu o odeio e nem mesmo o conheço. Ele é aquele que está fazendo com que eu me sinta tão envergonhada. Acho que é médico-assistente ou algo assim. Ele diz: 'O médico estava certo, ele nem mesmo teve de vê-la. Ela está comida pela praga, muitas mulheres iguais a ela estão. É só para isso que servem. Tudo que nós podemos fazer é queimar isso completamente e esperar que ela morra. Ela está em estado muito adiantado para ser salva.' Outro homem olha para dentro de mim. Ele pergunta: 'Para que incomodar-se? Ela vai morrer de qualquer maneira.' O homem que falou primeiro diz: 'Ela pode contagiar. Se nós a queimarmos, não terá possibilidade de passar a doença adiante.' Sinto uma dor terrível, como se uma vara fosse enfiada na minha vagina e movida dentro do útero. Não posso suportar isso. Não posso... estou desmaiando, acho que desmaiei. Ouço vozes, vagamente, através de uma neblina. 'Deve haver uma maneira de tirar fora toda essa coisa. Isto faria com que ela acabasse para sempre.' Estou consciente de uma dor queimando constantemente no útero. Uma voz diz: 'Finalmente ela começou a sangrar, não vai demorar agora.' A dor está piorando. Darei boas-vindas à morte quando ela chegar."

Nós encontramos os sinais de lesão do útero, a sensação de queima da pélvis e a dor cruciante no parto em sessões subseqüentes.

"Estou amarrada... amarrada no chão com os braços e as pernas esticados. Há muita confusão ao meu redor. Tenho doze ou treze anos. Eu sofri. Não sei onde estou. A dor é na base da minha espinha. Estou grávida. É o peso do nenê pressionando a parte baixa das minhas costas. Ouço a voz de um homem dizendo: 'Ela não vale nada, é o nenê que nós queremos. Não perca tempo.' Vejo areia e sinto um vento quente. Faço parte de uma tribo do deserto; esse homem é o chefe. Supõe-se que vou lhe dar um filho. Sou tão jovem, despreparada — eles estão me abrindo com força. Ele está dizendo: 'Não podemos salvar os dois — ela é muito pequena. Jamais terá esse nenê vivo.'"

De repente, Grace soltou um grito. Estava tão envolvida na experiência de parto da vida passada que se esquecera de que estava no consultório. O grito de dor a fez consciente do ambiente em que se encontrava. Respirou fortemente, por alguns momentos, antes de continuar a falar vagarosamente.

"Eles me abriram. Foi por isso que gritei. É uma sensação horripilante e a pior dor, a dor mais profunda. A minha barriga está toda aberta. Um homem está dizendo: 'É o único jeito.' Eles estão mexendo em minhas entranhas, arrancando violentamente o nenê. Posso ver meus intestinos no solo."

Esse incidente informou-nos sobre a reação de Grace em relação ao parto na vida presente, uma agonia que ela jurara nunca mais repetir. A um nível inconsciente, sempre culpara sua filha por essa dor. Após a sessão, Grace e a menina tiveram uma longa série de conversas sobre o relacionamento entre elas, que progrediu pela primeira vez em anos, com respeito mútuo substituindo o ressentimento e a frieza. O término da terapia de Grace foi limitado por sua saúde. Quando sua capacidade de se locomover fora de casa diminuiu, ela esforçou-se para colocar suas coisas em ordem. Em nossas sessões, esclarecemos incidente após incidente envolvendo a lesão ao útero, e a culpa ou dor no parto. Ela estava começando a experimentar um certo aumento da dor enquanto seu corpo piorava, mas estava determinada a não se tornar uma usuária de drogas. Quando sua terapia chegou ao fim, examinamos sua história pré-natal.

"Minha mãe está na mesa de exame. Ela está passando por um exame pélvico. O médico diz: 'Não entendo de onde vem esta vermelhidão; ela aparece e desaparece. Parece uma infecção muito rebelde.' Alguma coisa arranha, alguma coisa muito quente. Eles não sabem que eu estou aqui, não sabem que ela está grávida. O médico diz: 'Sinto que esteja doendo, mas é necessário, para retirar todo o material.' Meu Deus, eu estou aqui e ninguém sabe, e mamãe está justamente pensando 'Uma boa mulher não deve ter nada errado lá embaixo. O que eu fiz para me infeccionar lá? Eu sou limpa, Deus sabe'." O momento de impacto, quando disseram à mãe de Grace que estava grávida e não infeccionada, foi também gravado.

"Posso sentir as paredes do útero tensas. Mamãe está pensando: 'Não sei, talvez tenham matado o feto quando me cauterizaram. Eu achava que era uma infecção — agora fico sabendo que é gravidez. Nunca saberei o que estava acontecendo dentro de mim. Gostaria de saber se eles podiam ter cauterizado e acabado com a gravidez.'"

A confusão e ambivalência da mãe invadiram o inconsciente do feto. A associação entre a infecção e a criança que estava para nascer — a noção de que o próprio feto podia ser uma infecção — passou a fixar o padrão de vida de Grace. As vidas que haviam terminado por infecção uterina ou parto patológico ou doloroso foram reestimuladas por esta confusão materna durante o período pré-natal.

Tendo completado sua terapia, Grace logo foi confinada à sua casa e induzida a tomar algum medicamento para as dores que aumentavam. Se sua dor era realmente menos aguda do que a maioria dos cancerosos sentem, ou se ela simplesmente teve menos dificuldade em suportar, impossível dizer. A dor é uma experiência subjetiva. Mas seu médico relatou que, até o momento da morte, Grace tomou muito menos drogas, em doses bem menores, do que qualquer outro paciente que ele acompanhara em tal situação.

Grace sentiu muito pouco pânico quando viu a morte se aproximando. Seria incorreto dizer que ela não se importava em morrer. A vida é preciosa para cada um de nós, mesmo quando acreditamos que vamos voltar. Mas ela estava em paz com seu próprio destino e sabia que, se a teoria da reencarnação estivesse certa, retornaria num corpo livre da culpa e da dor que ela havia encontrado, retrocedendo mais de cem anos. O caso também me proporcionou *feedback* e passei a acreditar que não tive nenhum problema passado sem solução relativo a câncer, pois, se tivesse tido, com certeza não teria sido capaz de permanecer objetivo e oferecer apoio a Grace durante a tensão daquela experiência de morte.

A experiência de morrer é, naturalmente, imprevisível. Um pai pode exercer algum controle sobre a concepção de seu filho, durante o período pré-natal e mesmo no nascimento, porém a morte chega de maneiras muito diferentes. Alguns são informados de sua aproximação. O trauma sem solução no momento da morte é uma causa primária de distúrbio comportamental. A maioria dos problemas que encontro tem origem nas mortes de vidas passadas. Quando o impacto dessas mortes é apagado, muitos distúrbios simplesmente desaparecem. Acredito que, se nós todos pudéssemos morrer como Grace Hart morreu, seríamos uma raça bem mais civilizada. Isso, naturalmente, não é possível. No momento da morte, poucos estão preparados. A maioria está condenada a deixar tudo inacabado.

16. O ESPAÇO ENTRE VIDAS

As memórias de experiências pré-natais e de nascimento podem ser corroboradas. É, contudo, virtualmente impossível confirmar qualquer coisa acerca do espaço entre vidas. Não é mensurável, não é observável pelos vivos, é uma noção ofensiva para muitos com crenças religiosas tradicionais e uma tolice para outros.

Minha experiência com esse espaço é muito pequena para que possa fazer qualquer afirmação definitiva. Os pacientes descrevem tão facilmente uma vida fora do corpo quanto seus nascimentos e mortes. Contudo, raramente deixo os pacientes se demorarem nessa área, embora seja muito tentadora, com seus mistérios e suas promessas de revelações imediatas. De fato, na minha experiência, a vida fora do corpo revela muito pouco. Não parece, de forma alguma, ser um estado de conhecimento elevado ou de percepção extraordinária. Os problemas que incomodam uma vida física são carregados para o espaço entre vidas. Nossa incapacidade de manejar esses problemas influencia a escolha do próximo corpo no qual reencarnaremos. Entendo o alcance desta pretensão e que isso não pode ser provado, mas para uma ilustração desse mecanismo considero o caso de Greg Marston.

Greg me procurou por causa de repetidos insucessos nos negócios. Era um homem enorme, com maneiras agressivas e uma voz alta e imperativa. Insistia em ser um magnata e usava qualquer quantia de dinheiro que pudesse levantar, não para construir uma operação de sucesso, mas para dar a impressão de que controlava uma corporação. Na época do tratamento, passava por um processo de drenar todos os fundos de uma pequena loja que possuía para criar um império de papel. Gastara somas enormes publicando seus próprios escritos, os quais nenhum editor aceitaria; empregava todo o dinheiro que pudesse angariar para iniciar "divisões" da sua companhia: Marston Produtos de Papel, M. Publicações, M. Distribuição de Retalhos e várias outras. Esses nomes eram, naturalmente, sem sentido. Com exceção da firma publicadora, todas elas faziam parte da pequena loja. Quando perguntei a ele qual a razão física dessas atitudes, estas frases emergiram: "Estou sempre alerta. Tenho de me reestabelecer como um homem famoso. O povo tem que saber que sou um líder nessa área. Esse tipo de política provoca respeito nas pessoas simples."

Começando com a frase "estou sempre alerta", levamos Greg de volta a uma época em que batalhas de gladiadores divertiam as massas.

"Estou numa arena. Não sei bem o que está acontecendo, mas já estou acostumado. Acho que sou pouco inteligente. Mas sou grande, tal como agora. Um grande desajeitado. Estão me colocando uma armadura; uma porção de homens, muito menores do que eu. Uma multidão está aplaudindo. Posso ouvir o povo falando sobre mim: 'Ele é nosso melhor lutador... sempre dá um grande espetáculo... nós temos o melhor lutador.' Estão falando alguma outra língua, mas é só isso que querem dizer. Sou o homem mais importante.

"Estão abrindo um portão. Fico totalmente sozinho na arena, mas a multidão começa a gritar. Anões estão vindo do portão em minha direção. Devo brigar com trinta anões, mais ou menos. Eles estão pulando e subindo por cima de mim, arranhando. Balanço uma clava. Todos parecem estar adorando o espetáculo. Há muitos anões para mim. Estou confuso — não pensei que isso fosse acontecer. Não sei o que esperava. Eles estão me apunhalando. Alguém, meu chefe... aquele que me soltou... está gritando: 'Volte para lá, levante-se e lute. Apresse-se ou será muito tarde. Rápido, rápido.' Parece que não posso reagir. Eu não estou me movendo mais."

"Você ainda está no seu corpo?"

"Eu estou confuso, não sei."

"Você pode ver seu corpo?"

"Está lá. Posso vê-lo, estendido na arena. O sangue está saindo do meu peito e do meu estômago. Ele continua gritando comigo: 'Rápido, rápido.' Ninguém sabe que eu não estou mais lá."

"Qual é a sensação?"

"Como se o vento estivesse soprando ao meu redor. Tudo o que penso, embora não esteja prestando atenção, é: 'Tenho que voltar, mas eles continuam lutando, tenho que voltar lá e mostrar a eles.' Estou voando para fora; não é exatamente para cima, é apenas para fora. Algum lugar."

"De que você está consciente agora?"

"Vejo um campo de batalha. Isso é em algum outro lugar. No entanto, alguém está dizendo a mesma coisa novamente, 'rápido'. É uma mulher, numa tenda. Ela está tendo relações sexuais com um homem uniformizado, dizendo 'rápido, rápido' e, agora, um solavanco, quase como um repentino choque elétrico, apenas por um segundo. Estou dentro dela. Estou dentro dessa mulher, no útero."

"Diga-me a primeira coisa que você ouve ou sente."

"O homem está dizendo: 'Tenho de voltar para o acampamento. Tenho que... a batalha começará logo. Os homens dependem de mim para guiá-los.' Ele veste suas roupas. Há uma explosão, ouço gritos. Gritos. A batalha começou, ou qualquer coisa parecida. Mamãe está morta. Estou morto também, acho. Explosões, fachos de luz. Estive lá apenas por um segundo."

Greg descreveu uma experiência fora do corpo muito rápida. Ele saíra de uma situação de batalha numa antiga arena querendo muitíssimo continuar a luta. Sua libertação repentina do corpo, entretanto, não o aliviara desse desejo. Sua concentração estava em retornar à batalha, apesar de não ser mais possível retornar àquela em que fora morto. Através dessa concentração, ele parece ter escolhido sua vida seguinte; fora concebido num campo de batalha, trazido de volta para um estado emocional semelhante àquele que tinha deixado antes. Inconscientemente, Greg queria continuar sua infeliz situação de luta. Sua atitude no espaço entre vidas não foi diferente da sua atitude enquanto estava vivo. Fora do corpo, não adquiriu nenhuma sabedoria especial.

Ele continuou voltando para campos de batalha e vividamente descreveu sua morte durante a Primeira Guerra Mundial e o período imediatamente seguinte.

"Agora ouço sons de batalha, armas, acho que é a Primeira Guerra Mundial. Grandes rifles. Estou num campo de batalha, há muitos mortos ao meu redor. O comandante da companhia está morto. Estou pensando: 'Ótimo, ele está morto, eu agora sou o chefe, vocês rapazes estão recebendo minhas ordens.'"

"O que os outros homens dizem a esse respeito?"

" 'Ele finalmente conseguiu o poder. Deixem o filho da... tornar-se comandante; nós, os subalternos, o deixaremos vencer a guerra sozinho.' "

"O que está acontecendo agora?"

"Eu quero me mudar para um terreno mais alto para ficar por cima de todas as coisas. Estou em pé, sentindo-me orgulhoso, muito orgulhoso. Quero verificar se o caminho está livre. Há dois tiros. Sou atingido."

"Onde os tiros atingiram você?"

"Um no peito, outro no estômago. Sinto uma grande dor. Enquanto estou morrendo, ouço os homens ao meu redor conversando."

"O que eles estão dizendo?"
" 'Adeus, filho da... Apresse-se em voltar e nos chefiar novamente, alguma outra vez.' "
"Onde você está agora?"
"Estou me atirando para o céu como uma bala. Vejo meu corpo lá embaixo. Há uma batalha e os homens estão marchando diante do meu corpo. Estou me movendo através de um túnel escuro. Agora há luz. Vejo uma fila de militares; são os homens que estavam comigo na batalha Eu estou suplicando a eles."
"O que você está dizendo?"
" 'Deixem-me voltar, por favor, deixem-me voltar, deixem-me voltar.' Eles estão dizendo para eu me demorar, tomar uma decisão racional, reviver minha vida, olhar para o que estou fazendo."
"O que você responde?"
" 'Eu vou voltar, vocês não podem me fazer ficar aqui; vocês não são melhores do que eu.' Estou voltando."
"O que eles estão dizendo agora?"
"Um deles está dizendo: 'Bem, vamos deixar o filho da... voltar lá.' "
"E agora?"
"Ouço uma mulher."
"O que ela está dizendo?"
" 'Seu filho da..., saia de mim, vá embora, você está me machucando.' Sinto aquele abalo novamente, o mesmo choque. Essa é minha própria mãe. Estou nesta vida. No útero."

De casos como o de Greg fui capaz de tirar algumas noções a respeito da vida existente no espaço entre vidas, que muitos pensam ser a vida depois da morte. Prefiro a expressão "vida fora do corpo" como sendo a mais exata; de acordo com os meus pacientes, não é "vida após a morte", mas simplesmente "entre vidas".

O aspecto mais difícil dessa "vida" para muitas pessoas aceitarem é não ser muito diferente da vida no corpo. O indivíduo tem muitas das mesmas preocupações, vê a vida sob os mesmos termos. As vidas de Greg no corpo foram envolvidas em guerras e lutas; fora do corpo ele encontrou heróis de guerra e amigos soldados; ele não se saiu melhor, em se tratando de tomar decisões, no período "entre vidas" do que nos campos de batalha. Esse padrão é constante. As pessoas, geralmente, não adquirem nenhum conhecimento particular nesta fase. Elas tendem a "escolher" uma vida seguinte usando o critério oriundo dos traumas de sua morte prévia, muitas vezes incapazes de, racionalmente, considerarem o quanto infelizes isso as fará. Para aqueles que desejam evitar responsabilidade pelos seus próprios problemas, o "espaço entre vidas" pode ser a mais decepcionante revelação.

Algumas vezes, a experiência "entre vidas" surge espontaneamente na terapia, como no caso de Greg. Outras vezes, o indivíduo quer ir lá, por curiosidade, para completar um trabalho espiritual ou para uma melhor compreensão da vida. Eu pessoalmente desencorajo isso.

Algumas das pessoas que procuram a terapia de vida passada são adeptas da vida espiritual. Dá-me trabalho fazer com que enfrentem seus problemas realisticamente. Elas prefeririam ir para "fora do corpo" e permanecer lá para sempre.

Muitos pacientes recusam-se a acreditar que nenhuma sabedoria superior e nenhuma habilidade para influenciar acontecimentos é encontrada nesse estado. Uma paciente veio a mim alegando que seu tio Harry a tinha visitado em forma de espírito, aconselhando-a a vender sua casa.

Perguntei se seu tio tinha sido perito em imóveis quando vivo. Ela respondeu que ele tinha perdido bastante dinheiro nesse tipo de negócios. Apesar disso, estava convencida de que seu "conselho espiritual" era sem dúvida certo. Eu não quis começar um debate no mundo espírita e recusei-me a aceitá-la como minha paciente.

Atitudes "ocultistas" predominam em discussões sobre vida fora do corpo, e nenhuma pesquisa de qualidade respeitável foi feita sobre relatos desse estado. A tentação de demorar-se nessa área mística é razão bastante para evitá-la, na maioria dos casos. Há, entretanto, algumas pessoas a quem eu deliberadamente guio para essa área. Geralmente faço isso quando sinto que o paciente não tem nenhum desejo de permanecer lá, e quando há algum problema que não se resolverá completamente com as técnicas usuais da terapia.

Quando eu encorajo um paciente a entrar nessa área, costumo encontrar sempre a mesma coisa. Nós não somos nada diferentes fora do corpo do que dentro dele; sem vontade de tirar proveito da nossa experiência "dentro do corpo", repetimos nossos padrões fora do corpo, até encontrarmos um corpo para entrar que nos permitirá repetir os padrões de dentro do corpo novamente.

No capítulo anterior discutimos uma paciente que estava morrendo; minha tentativa nesse caso foi a de "apagar" seus padrões de comportamento da vida passada antes da morte, para que quando ela entrasse "entre vidas" tivesse uma nova perspectiva.

Os efeitos de tal tentativa permanecerão desconhecidos. Uma das frustrações como terapeuta de vidas passadas é a de não poder ter certeza da dimensão que o trabalho alcança. Nós percebemos melhora significativa em pacientes que trabalharam com a terapia de vida passada, como foi amplamente demonstrado na sessão Trabalhando com Casos, deste livro. Espero apenas que essas melhoras comportamentais sejam transportadas para as vidas futuras. Fico satisfeito porque elas mudam profundamente a vida atual de cada paciente.

IV
Subsídios para a Pesquisa Científica

17. CASOS SUGESTIVOS DE REENCARNAÇÃO

Embora o objetivo da terapia de vida passada seja unicamente ajudar as pessoas a lidar com a realidade das suas vidas aqui e agora, a prática da terapia me põe em contato com muitas perguntas irrespondíveis. Contudo, não devoto muito do meu tempo fazendo pesquisas da questão da reencarnação. Como afirmei previamente, a "verdade" ou "ficção" da reencarnação é virtualmente irrelevante para o sucesso da terapia de vida passada. Não obstante eu ter de lidar com a pergunta todos os dias, continua sendo um assunto muito atraente. Muitos acontecimentos em sessões com pacientes forçaram-me a examinar e a reexaminar a questão.

Nada que eu tenha feito pode ser classificado como pesquisa organizada. As experiências que tive e as situações que testemunhei são subprodutos de um método terapêutico. Sinto a veracidade das vidas passadas nas vozes de meus pacientes e em suas ações enquanto deitados no sofá, e em suas reações conscientes ao que suas mentes inconscientes revelam. A interpretação científica dos dados é o passo seguinte, mas deve ser deixada para alguma outra pessoa; é um trabalho de tempo integral. Eu jamais poderia devotar a quantidade de tempo e energia necessários para tal trabalho.

Reencarnação no pensamento ocidental: um curto resumo

A pesquisa sobre reencarnação está no seu início; o conceito filosófico da reencarnação, entretanto, é antigo. É mais comumente associado com as religiões orientais, mas não é de modo algum desconhecido do pensamento ocidental. Entre os antigos gregos, Pitágoras encabeçou um influente culto religioso apoiando a doutrina da reencarnação. A Cabala, uma compilação das tradições místicas judaicas, também admite a idéia de vida passada, e os primitivos cristãos debateram a idéia por vários séculos. Muitos apoiaram a doutrina do mestre do século III, Orígenes, o qual tentou misturar as filosofias cristã e grega num todo coerente. A reencarnação era uma parte integrante de seus ensinamentos. No ano 533, entretanto, um conselho da igreja reunido em Constantinopla declarou os ensinamentos de Orígenes anátemas às crenças cristãs, e o debate sobre a reencarnação então decaiu no Ocidente. Ressurgiu durante a Renascença, e no século XVIII não era mais perigoso, embora dificilmente fosse de bom-tom, sustentar a crença de que vivemos mais de uma vez. Nos séculos subseqüentes, vários ensinamentos místico-religiosos de reencarnação adquiriram uma popularidade moderada no Ocidente, incluindo a teosofia, e, mais recentemente, a cientologia. Entretanto, em cada um desses cultos e religiões, a questão da reencarnação tem sido filosófica. É colocada como um artigo de fé, nunca testado por métodos científicos. Todo debate religioso, toda observação filosófica bem como as meditações dos poetas e estudiosos têm sido dirigidos para questões de crença e não de "prova". "Prova" não é uma questão de emoção ou fé para decidir.

Podemos provar a reencarnação? Com os dados à nossa disposição neste momento, a resposta tem de ser "não". Mas, contrariamente aos conceitos de céu e inferno, a identificação de reencarnações passadas parece acessível à nossa compreensão. O céu, por definição, existe num plano inacessível para os vivos. As vidas passadas, por outro lado, podem ser precisas; elas acontecem na terra, em lugares que podem ser encontrados, explorados e estudados. Entretanto, os pesquisadores da reencarnação enfrentam alguns problemas. É impossível determinar o quanto um assunto possa ter sido lido, ouvido pela família e amigos, aprendido através do cinema ou do teatro, ou de alguma maneira assimilado, a respeito de cenas que ele descreve com tantos detalhes. Sem isolar assuntos potenciais na sociedade e da família ao nascer, que é, naturalmente, impensável, não parece haver nenhuma maneira de controlar esses fatores. No entanto, vários psicólogos tem experimentado com pacientes que descrevem encarnações anteriores, em tempos passados e recentes, usando textos de referência histórica para checar a validade das observações. Os resultados não podem ser classificados como "prova". Contudo, a idéia de reencarnação parece ser a mais simples explicação para os dados.

Pesquisa atual

A maioria das pesquisas sobre reencarnação tem sido feita através da regressão hipnótica dos pacientes. Embora eu não aprove a hipnose como um método terapêutico, é um meio válido de alcançar a mente inconsciente, para propósitos experimentais. Mesmo sem hipnose, alguns pesquisadores tem tido sucesso, especialmente com crianças, em se tratando de encontrar vidas passadas recentes. Nós falamos freqüentemente da "fantástica imaginação" das crianças. Raramente prestamos atenção às histórias delas, e, se uma criança conta sobre uma vida como sapateiro, por exemplo, num tempo ou lugar diferentes, simplesmente atribuímos isso a alguma coisa que a criança aprendeu assistindo televisão, em conversas de outras crianças, lendo revistas de histórias em quadrinhos ou coisas desse tipo.

No livro *20 casos sugestivos de reencarnação*, o doutor Ian Stevenson, professor do Departamento de Neurologia e Psiquiatria da Universidade de Virgínia, relata suas viagens a lugares onde a reencarnação é ainda uma crença comum — países budistas e hinduístas, tais como a Índia, Sri lanka e Líbano. Stevenson sentiu que as crianças desses países eram mais abertas do que as do Ocidente. Nossa sociedade tende a reprimir ou desprezar os aspectos "irreais" da conversa de uma criança, o que faz com que elas logo os esqueça.

Stevenson entrevistou muitas crianças, e encontrou em suas histórias sonhos e memórias muito sugestivos de reencarnação. Seu caso mais intrigante se refere a um menino árabe de cinco anos, que morava na cidadezinha de Kornayal, no Líbano, em 1964. Antes de completar dois anos, o menino começou a mencionar suas vidas passadas. Suas primeiras palavras se referiam à sua amante, numa encarnação anterior. Nascido em 21 de dezembro de 1958, o menino afirmava ser da cidade de Khriby, distante umas vinte milhas. Ele afirmava ter sido Ibrahin Bouhanzy, que tinha morrido de tuberculose em 8 de setembro de 1944.

O menino forneceu corretamente as últimas palavras de Bouhanzy ao morrer, identificou os membros sobreviventes da família e nunca parou de se referir afetuosamente a Jarmile, a amante de Ibrahim. O doutor Stevenson viajou com o menino e sua família para a cidade de Ibrahin, e tabulou cinqüenta e sete itens de que o menino se recordava. Desses itens, cinqüenta e um foram confirmados exatos, incluindo detalhes do interior da casa de Bouhanzy. Stevenson não pôde encontrar nenhuma explicação melhor do que a reencarnação para essa situação ou outras semelhantes. Seu livro permanece o melhor documento desse campo.

Helen Wamback, uma psicóloga clínica, oferece mais apoio para a possibilidade de reencarnação. Sua técnica consistia em hipnotizar grupos inteiros de pessoas e solicitar delas detalhes de vidas em quatro distintos períodos de tempo — 1850, 1700 d.C., e 25 e 500 a.C.. Achava que a maioria dos americanos tem associações preconcebidas com três desses períodos de tempo, associações essas de literatura popular e filmes — o oeste em 1850, a América Colonial em 1700, a Terra Santa ou Roma no ano 25. Se a grande maioria das pessoas que eram objetos de estudo relembrasse acontecimentos nesses lugares, começaria a apoiar a tese de que vidas passadas são de fato produto da imaginação ou histórias relembradas do tempo da juventude. Entretanto, os resultados de sua experiência mostraram totalmente o contrário. Na data de 1850, apenas metade dos indivíduos estudados se encontrava na América do Norte e a maioria deles estava no sul ou no leste; 23% dos indivíduos se encontravam na Europa e os outros estavam espalhados pelo globo terrestre. Na data de 1700 apenas 16% dos indivíduos relataram vidas na América e vários como índios. Quase a metade era europeu, e os outros, novamente, estenderam-se da costa leste à América do Sul. Nenhum dos pacientes recordou vidas no ano 25, nem mesmo tinham ouvido falar de Cristo; e no ano 500 a.C. os pacientes relataram vidas largamente espalhadas, a maioria morando no Oriente Próximo e na Ásia.

"Se as pessoas estivessem relatando histórias lidas", Wamback escreveu, "essas historias não seriam as mais comuns na nossa cultura. Ou todos os meus pacientes eram sofisticados e individualmente conseguiam, sem consultar um ao outro, aparecer com vidas nitidamente espalhadas no padrão histórico apropriado, ou a hipnose penetra fundo nas memórias reais do passado."

No meu próprio trabalho, acontecimentos inexplicáveis continuam a aparecer durante as sessões. Eu aprendi a aceitá-los. Acredito que seja tolice negar alguma coisa simplesmente porque não posso compreendê-la. As quantidades desconhecidas de nossa vida muitíssimo excedem em valor o pouco que conhecemos a respeito de nós mesmos e do nosso mundo. As situações extraordinárias que seguem não são mais do que isto — situações extraordinárias. Elas não "provam" nada no sentido como provamos que a madeira queima. Elas simplesmente indicam a magnitude das questões que nós devemos colocar para nós mesmos.

Pontos de vista múltiplos

Dentre as recordações de vida passada que eu testemunhei, o fenômeno mais comum foi um ponto de vista múltiplo: o do mesmo acontecimento em vários pacientes diferentes. Eu já ilustrei um caso desses no capítulo 8, Relacionamentos. Muito mais misterioso é o caso que vai ser comentado abaixo, no qual os pacientes que me relataram a cena não se conheciam e nem mesmo tinham estado em terapia ao mesmo tempo. Embora o acontecimento que cada paciente estivesse descrevendo fosse a crucificação de Cristo, nenhum dos cinco parecia ter tomado uma parte importante ou gravado historicamente parte do acontecimento. A primeira recordação me foi dada por um jovem em abril de 1970. Sem saber aonde isso o conduziria, ele começou a descrever um incidente numa estrada quente e poeirenta. Ele estava usando sandálias e uma espécie de camisola.

"Sinto-me muito ansioso para voltar e juntar-me aos outros. Fui a um lugar, por alguns dias, entregar alguma coisa, não sei o quê, uma carta ou recado ou algo assim. Sinto que fiz um bom trabalho e Ele ficará muito orgulhoso de mim. Agora há um homem correndo em minha direção, está vindo pela estrada. Eu o reconheço, ele é um dos homens do grupo. Está acenando para mim com os braços abertos, me chamando. Seu rosto está vermelho. 'Venha depressa, eles O estão matando. Nós não podemos evitar. Apresse-se.' Agora estou correndo em direção a ele. Não posso acreditar. Alguma coisa deve ter acontecido enquanto eu estava fora. Eles O estão matando. Nós estamos correndo, correndo. Ladeira acima, por cima de pedras. Esse não é o caminho, é como um atalho. Agora eu posso vê-los, no alto do monte, numa clareira. Cruzes. Não apenas três. Cerca de quarenta, espalhadas pelo monte e descendo pela encosta. Posso ver Jesus gritando em agonia. Há sangue escorrendo pelo seu corpo.

"Estou correndo e chamando: 'Meu Deus, agora não, é tão cedo, não O deixe morrer. Deixe-me chegar a Ele.' Agora eu estou abrindo caminho através da multidão. Muita gente se juntou, gente curiosa. Estou empurrando e passando por eles, correndo para a cruz. Um guarda — eu posso vê-lo pelo canto do olho, mas ele é muito rápido — está apontando uma lança para mim...dor...e eu estou caído. Eu estou fora de mim, frio. Ele me fez desfalecer."

Quando o paciente acordou, estava completamente sozinho, a cruz ainda em pé, mas vazia.

"No entanto eu sei o que aconteceu. Eu sei onde está a caverna. É parte do plano. Nunca pensei que precisaríamos usá-lo, foi apenas um plano que fizemos. Não posso acreditar no que aconteceu. Estou entrando na caverna agora. Eu vejo muita gente que conheço. Alguém, um homem, não posso ver quem é, diz: 'Oh, meu Deus, ele está morto, o que faremos agora?' Nós estamos enrolando o corpo com um pano branco. Enrolando o corpo. É parte do plano."

Talvez pareça uma fantasia grandiosa ter sido um dos seguidores de Jesus, e ter estado na caverna da qual presume-se que Ele ressuscitou depois de três dias. A terapia do paciente obteve muito sucesso, e eu não quis lidar com a questão de ele ter visto ou não Cristo na cruz. Na verdade, eu tinha esquecido completamente o incidente quando, três anos depois, um segundo paciente perambulou pelo mesmo território. A história que ele contou levou-me a vasculhar os meus arquivos atrás das anotações sobre o caso acima. Os dois pacientes levavam vidas diferentes, nunca tinham ouvido falar um do outro nem nunca tinham estudado história religiosa. Apesar disso, o segundo paciente trouxe à tona a seguinte cena: "Estou assistindo à cena de pessoas em agonia. Devo ser uma criança, talvez de doze ou treze anos, e minha mãe está em pé, ao meu lado, tentando desviar minha atenção, fazer-me sair daquele lugar. Mas estou preso a esse espetáculo: homens nas cruzes. Muitos deles, pregados em cruzes, inclinados para frente. Estou perguntando a ela: 'Quem são eles?' Ela diz: 'Não sei, você não deveria estar vendo isso. Vamos embora.' Mas eu não me movo. Ela está me puxando, mas parece estar presa à cena também. Agora alguém colocou sua mão no meu rosto e está me puxando para longe do local. Ele está se movendo, passando por mim, um homem, muito maior do que eu. Está gritando: 'Oh, Deus, agora não, não O mate agora', e me derrubou ao passar por mim. Está correndo em direção à cruz. Um dos guardas dá um passo rápido e o golpeia na cabeça com uma lança. Minha mãe grita: 'É demais; agora vai haver uma briga, vamos embora.' Não posso dizer porque alguém bateria nele ou porque eles estão pendurados. Minha mãe está me arrastando para longe do local. Ela está certa; é muito revoltante."

O paciente não tinha idéia de que estava assistindo à crucificação de Cristo. Por causa das quarenta cruzes ao invés das três que seriam de se esperar que estivessem lá, ele nunca associou a cena com Jesus ou com o cristianismo. Nem eu associaria, exceto pela descrição do homem sendo derrubado pela lança.

Oito meses mais tarde estava trabalhando na terapia de uma paciente que expressava um forte desejo de correr dos homens. Nós a encontramos assistindo um homem ser pregado à cruz. Ele era um dos muitos que estavam sendo crucificados. A paciente relatou que ela estava escondida na multidão ao redor das cruzes. Vários homens a estavam perseguindo. Ela não associou a cena com Jesus e não fazia nenhuma idéia de que estivesse envolvida com o movimento dos cristãos primitivos. Poderia ter sido qualquer tipo de execução em massa.

"Estou assistindo a cena pensando: 'Que coisa horrível, a morte desse homem é minha desculpa para estar na multidão. Não sei nada a respeito dele — o que fez, quem é ele — estou apenas usando-o. Agora ouço alguém dizer: 'Olhem para aquele bobo.' Há um tumulto: olho em volta. 'Devem ser os homens que estão me perseguindo', mas não são. Há um homem abrindo caminho por entre a multidão, em frente a outra cruz. Ele está gritando alguma coisa, mas não posso ouvir as palavras; ele está do outro lado, perto das cruzes. Um guarda o espancou. Ele está com a cabeça sangrando, deitado no chão. Penso que ele está morto. Quero ajudá-lo, mas estou com medo. Por que eu quero ajudá-lo? É apenas um homem como os outros, estou começando a sair rapidamente da multidão. Estou correndo novamente, correndo em direção ao campo."

Essa descrição, embora menos detalhada, é semelhante às duas primeiras. Pela mesma razão o homem abatido pelo guarda parece ter sido uma imagem ressonante para um grande número de pessoas que recordam a crucificação, muito mais forte do que o corpo de Jesus, que essas pessoas desconheciam.

Um ano inteiro se passou até eu encontrar novamente uma ligação com a morte de Cristo feita pelo primeiro paciente. Essa quarta paciente descreveu a segunda parte da primeira cena, ao invés da primeira metade da história.

"Estou numa pequena e úmida caverna. Não há muita luz. Estou tentando ver o que está acontecendo no centro da caverna. Um grupo de pessoas se juntou ao redor. Não sei porque estou aqui; acho que fugi de casa. Tenho nove anos e não conheço ninguém aqui: onde estou, ou mesmo o que está acontecendo. Estão muito ocupados para me notarem. Estou me ajoelhando, engatinhando entre os corpos. O cheiro é horrível. Estão me deixando passar. Oh, Deus, há um cadáver. Sinto como se meu coração tivesse parado. Não sei o que fazer. Ouço um dos homens dizendo 'Meu Deus, Ele está morto. O que faremos agora?' Agora tudo que eu devo fazer é cair fora. Estou engatinhando em direção à entrada. Há um homem, ele entrou olhando como que pasmo. Ele tem um corte acima do seu olho, um olhar vitrificado, inchado. Sua cabeça está ferida. Estou saindo... estou escapando para a floresta. Eu me sinto como se tivesse deixado um lugar morto. Um lugar onde a morte me agarraria."

A citação "Ele está morto, o que iremos fazer agora?" não está, certamente, escrita na Bíblia; mas parece ser a única frase que deve ter sido realmente dita. Tive contato com essa paciente cinco anos após ter visto o homem que tinha sido ferido na cabeça. Nenhuma explicação lógica me foi apresentada, exceto que aqueles acontecimentos tinham ocorrido realmente, como meus pacientes os estavam recordando. Essa sensação foi reforçada em outra situação. Fui solicitado a ver um paciente de um hospital para doentes mentais. Ele estava sofrendo de fanatismo religioso agudo e tendia a mutilar-se. Eu não sabia nada a respeito desse homem e mal conseguia me comunicar com ele. Porém, durante quatro horas e meia de torturante e lento trabalho, a seguinte cena, passada num tempo ligeiramente diferente das outras, emergiu:

"Estendido num amontoado de homens. Como se tivéssemos sido jogados aqui, num monte. Mas não estou morto. Não senhor. A única coisa que não nosso fazer é mover-me. Não posso me mover e estou ferido — minhas mãos estão mutiladas pelos pregos. Eles nos tiraram das cruzes. Colocaram-nos numa pilha. Nenhum de nós pode mover-se. Acho que a maioria dos corpos já estão mortos. O meu não. Há dois homens olhando-nos com desprezo. O primeiro deles diz: 'Qual deles é o judeu?' E o segundo responde: 'Ele foi retirado mais cedo. Eles o levaram.' O primeiro diz: 'Bem, é um a menos para nós liquidarmos. Seria de esperar que eles morressem rapidamente com toda essa dor e hemorragia.' O segundo homem ri: 'Nós sempre atravessamos uma espada nos corpos, para ter certeza de que morreram. Você matou aquele que abateu com a lança?' O primeiro diz: 'Não, apenas o tirei de lado. Eu acho que ele já se foi.' O segundo diz: 'Era um grande idiota. Gostaria de saber o que estava fazendo. Algum tipo de fanático, acho.' Agora eles estão nos virando, um por um. Acho que todos estão mortos. Posso sentir uma mão no meu ombro; não posso ver. Sinto uma nuvem preta por cima de mim. Agora, algo sendo enfiado no meu peito. Posso sentir uma coisa entrar em mim, varando, até penetrar na terra onde estou deitado. Agora eu parti. Estou morto. Não estou mais naquele lugar."

Essa narrativa trouxe para cinco o número de pessoas que fizeram referência a esse incidente, que pouco se referiu a Cristo. Não pode ser exatamente denominado uma série de fantasias coincidentes, propriamente exageradas. Três dos cinco nem mesmo sabiam que era a crucificação de Cristo que eles estavam testemunhando, um quarto paciente fez apenas uma referência passageira ao "judeu." Apenas o quinto paciente realmente teve algum envolvimento com Cristo, e ele era aquele a quem todo mundo parecia ter notado. Embora esse caso seja inaudito (na minha experiência) por sua detalhada memória, é apenas um dos vários incidentes que ouvi, de mais de um ponto de vista, com inexplicável concordância a respeito do que aconteceu.

A morte de uma criança em Nag's Head

Quando os casos são apresentados a mim contendo relatos que podem ser verificados, tento avaliar o material, embora a pesquisa não seja meu interesse primordial. Eu não sugiro que meus pacientes se lembrem de detalhes e estatísticas, mas o paciente, algumas vezes inadvertidamente, fornece datas, lugares ou outra informação que pode estar documentada.

Em um dos casos, uma paciente descreveu uma infância de vida passada numa comunidade de veraneio à beira-mar. Ela estava consciente das sensações que sua mãe, que não era casada, estava tendo. Estava "como que louca, sozinha, muito isolada". A paciente recordou que era carregada ao longo da praia, e que passava por uma grande casa branca; isso acontecia quase todos os dias. Ela, secretamente, escutou o seguinte diálogo entre sua mãe e uma mulher na praia:

A mãe: Você está hospedada na Jarrett House?

Mulher: Sim. É tão bonito aqui.

Mãe: É uma praia agradável.

Mulher: Nós estamos pensando em nos mudar para Carolina da Norte quando nos aposentarmos. Mas nós não sabemos ainda a que cidade iremos.

Mãe: Bem, não há muito o que fazer aqui, em Nag's Head.

Mulher: Acho que não, mas pelo menos há a Jarrett House e toda aquela comida boa.

Várias conversas semelhantes foram relatadas, embora nenhuma tão específica quanto ao local do balneário como esta. A paciente que estava nos braços de sua mãe, durante toda essa conversa, não pode dizer se sua mãe trabalhava na Jarrett House ou fazia parte da família que a possuía, mas ela recordava de ter visto a casa bem claramente. Uma grande casa branca, de estilo anterior à Guerra de Secessão, cujos fundos levavam diretamente à praia. Ela recordava nitidamente uma varanda que circundava a frente da casa, com balanços colocados a cada dois pés de distância, e uma larga porta aberta ao meio, feita de madeira pesada. Nesse tempo, ela relatou ter cerca de dois meses de idade. Aos três meses, sua mãe a deixou do lado de fora, por muito tempo. Então ela contraiu uma infecção brônquica da qual morreu.

Continuando a sessão, a paciente alegou que, na vida atual, ela nunca tinha ouvido falar de Nag's Head, Carolina do Norte, e nem tampouco da Jarrett House. Um telefonema para a Câmara de Comércio de Nag's Head revelou que esse balneário realmente existiu e tinha funcionado por quase um século. Era localizado na praia, afastado da cidade. Uma grande mansão branca, de veraneio, com uma larga área de entrada, tinha sido famosa por sua excelente comida. Tanto quanto podemos lembrar, nenhuma celebridade passou férias lá, sendo improvável que a paciente possa ter lido acerca do lugar ou visto no cinema ou na televisão. Era um dos muitos balneários confortáveis espalhados pelo litoral do leste do Estado de Virgínia à Flórida. Não obstante, minha paciente foi capaz de descrever esse lugar com detalhes, relembrar os nomes, e mesmo recordar a conversa que se referia à sua culinária.

Um suicídio na era da Depressão

Raramente tenho um paciente que descreva uma vida desde o nascimento até a morte. Mais comumente, obtenho os momentos de trauma, percebidos rapidamente, em momentos de dor aguda e infelicidade. Mas uma paciente minha, nascida em 1936, viveu evidentemente uma vida tão cheia de sofrimentos e temores que foi capaz de documentá-la literalmente, desde o seu nascimento. Disse que fora a filha ilegítima de uma atriz razoavelmente bem conhecida em Nova York. Não foi capaz de lembrar o nome da mulher, possivelmente porque nunca a tivesse visto. Ao nascer, em 1903, fora dada a um casal mais velho, que a adotara, sem oficializar. Com eles morara na área rural da Pensilvânia até 1916, quando seus pais adotivos morreram num acidente de carro. Uma vez mais fora afastada de um ambiente familiar. Nós conseguimos atingir a vida desta moça novamente quando ela estava nos seus vinte anos. Havia-se casado com um homem chamado McCullum e mudado para Nova York, o lugar de seu nascimento. Ela comprara uma companhia de desenho e de fabricação de roupas, num bairro perto da Sétima Avenida, em Manhattan. Trabalho duro e um rígido orçamento acompanhara o casal até os fins da década de 1920, quando a companhia começou a florescer. Então, novamente, acontecera um desastre.

"É o ano de 1928, no inverno. Não sei como cheguei aqui, mas ele está morto — Keith está morto. Dois médicos estão falando comigo no hospital. Aconteceu tão rapidamente. O frio, o trabalho.

"Ele adoeceu... como se fosse um resfriado. Depois piorou mais. Ouço 'pneumonia', esta é a palavra. Eles a estão repetindo muitas vezes. Nada pôde ser feito. Pneumonia. Ele trabalhou tanto. Ninguém nem mesmo sabe como trabalhar duro atualmente; nós dois trabalhamos."

A partir dessa época, sua vida deteriorara numa velocidade insuportável. Nos meados de 1929, seu filho contraíra poliomielite e morrera. Em outubro do mesmo ano, o mercado de ações desmoronara, dando início à longa era da depressão. Continuar mantendo a fábrica de roupas era impossível, mas ela não sabia fazer outra coisa. Por mais de três anos ela agüentara, porém, em meados de 1933, encontrara-se sozinha enfrentando a falência.

"Estou na sala de cortar roupas. Eu a escolhi por causa das grades. Há grades de ferro, fortes, onde penduramos as roupas por anos. Acredito que elas me sustentarão. A data está clara na minha mente: 11 de junho de 1933. É um dia de sol. Há alguns desses grandes ventiladores pretos no teto. Eu os desliguei ou a companhia de eletricidade o fez. Não tem importância para mim. Consegui uma corda..."

De acordo com minha paciente, Rita McCullum se enforcou na sala de cortes de sua fábrica, em uma travessa da Sétima Avenida, em 11 de junho de 1933. Já que os dados eram disponíveis, entramos em contato com a repartição que registra esses casos em Nova York e perguntamos se podiam verificar tal morte. Recebemos pelo correio uma fotocópia de uma certidão de óbito, registrada em cartório, de uma mulher chamada

McCullum, declarando que ela havia morrido enforcada em um endereço no lado oeste da cidade, o coração do comércio de roupas até hoje. A data da morte era, realmente, 11 de junho de 1933, e a idade dada era trinta anos, o que nos fazia pensar que o nascimento tinha ocorrido em 1903, tal como a paciente havia relatado. Não houve nenhuma tentativa de verificar a respeito da mulher em particular, exceto sua morte, mas a coincidência do detalhe com a história da paciente me pareceu bastante significativa. Na introdução sugeri que há casos em que a reencarnação aparece como a explicação mais lógica para um conjunto de fatos. Acredito que o caso de Rita McCullum é um desses.

O naufrágio do navio H.M.S. Republic

Um paciente que nasceu e cresceu na área rural do Tennessee e agora mora em Los Angeles descreveu uma cena em que navegava num navio de Southampton, Inglaterra. Ele nunca tinha viajado tanto antes. Quando lhe perguntei por que estava tendo essa nova experiência, ele me explicou que era um enfermeiro viajando com um escritor numa cadeira de rodas. Por causa de sua fascinação pelo luxuoso navio, fez muitas perguntas à tripulação e foi informado, entre outras coisas, que ele tinha sido construído em Wales e que era um dos primeiros navios a apresentar, além de velas, um motor. Essa informação datava o acontecimento no começo de 1800 (o primeiro barco comercial a vapor de Fulton fez sua viagem de estréia em 1807). O navio era chamado H.M.S. Republic e velejava sob a bandeira britânica. Quando se aproximava do continente americano, fortes ventos surgiram e uma forte tempestade se desencadeou.

"Posso sentir o pânico na sala de controles, apesar de não estar lá. Estou numa cabine de luxo mas a inclinação é horrível, estou me segurando na cama tentando manter o paciente deitado sem perder o controle de mim mesmo. Agora ouço algo. Um horrível barulho cortante como um guincho de animal ou metal rasgando contra pedra. Imediatamente, percebo que estamos afundando. Não sei o que faço — proteger o homem na cama ou correr dali, e no mesmo instante sei que não faz diferença alguma. Nunca sairei desse navio."

O paciente então descreveu uma correria louca pelos brancos corredores do navio, os gritos dos outros passageiros quando os alarmes soaram ao seu redor e, finalmente, a água impetuosa.

"Acho que estamos embaixo d'água agora, mas ela ainda não me alcançou, embora eu a esteja ouvindo. Acima, ao redor. Uma terrível guinada, sou atirado e vamos afundando enquanto as águas invadem tudo. Pensei que estivéssemos no fundo, mas agora estamos afundando mais; devo ter quebrado alguma coisa. Não posso me mexer de forma alguma.

A água está por cima de mim. O silêncio...há um momento de silêncio debaixo d'água. Agora estou morto. Continuamos afundando. Mais e mais. Percebo que algumas pessoas se salvaram. Não sei como."

Uma procura através de registros de desastres marítimos mostrou que o H.M.S. Republic afundou ao largo do Cabo Hatteras, em alto-mar, a 9 de fevereiro de 1813, em uma viagem de Southampton, Inglaterra. Milagrosamente, 112 pessoas sobreviveram ao naufrágio; 238 desapareceram. O Republic realmente se caracterizava por ser a vela e vapor e fora construído em Wales. O paciente parecia convencido de que o navio tinha afundado duas vezes, ou em dois diferentes estágios. Fiquei curioso por ele se agarrar a essa idéia diferente e tentei, inutilmente, considerar sua significação psicológica. Depois soube que havia uma explicação perfeitamente natural. De acordo com uma descrição do naufrágio, o navio chocara-se contra um recife e afundara sobre ele. Mas as fortes correntes tinham-no deslocado para fora da plataforma submarina e de volta para o mar aberto, onde continuara a mergulhar verticalmente mais 300 braças antes de descansar no fundo do oceano, na altura da Carolina do Norte.

Na vida atual, o paciente não se envolvera com o mar. O desastre de navegação cabia num padrão de desordem comportamental (ele constantemente se encontrava em situações desesperadoras), mas era diferente em lugar e detalhes das outras vidas que ele descreveu.

No teatro Palace de Abilene, Texas, 1900

Abilene, no Texas, era uma pequena cidade no ano de 1900. Apesar de seu tamanho, ostentava um teatro chamado Palace, do qual um paciente disse ter sido dono. De acordo com suas lembranças, os entretenimentos estavam parados quando o fim do século se aproximava e, em 1900, ele foi forçado a entregar o teatro para os credores. Como descreveu sua vida mais adiante, comecei a duvidar que o declínio de seus negócios tivesse sido responsável pela cessão do teatro; o paciente, que disse que seu nome tinha sido James Turner, era um jogador que levava uma vida de vício. Após perder o Palace, jogar tornou-se sua profissão.

"Eu segui um homem. Ele me deve muito dinheiro. É um jogador também. Nós jogamos limpo — quase que só cartas — e eu ficarei muito bem de dinheiro, quando ele me pagar. Eu gostaria de conseguir o teatro de volta, mas algum tempo já se passou. Ele não me pagou, e agora eu sei que nunca me pagará. Faz frio no Texas, mesmo em Abilene. Eu nunca soube, mas estou sentado. É um tipo de salão. Um dia cinzento lá fora, e estou enrolado num casaco feito de pele de vaca. É couro, mas parece de pele. Todos me conhecem aqui. Estou esperando por ele, ele entra. Não são portas de vaivém como no cinema. O lugar tem portas de vidro — eu posso vê-lo, agitado, através do vidro. Começo a me levantar. Ele está na porta. Não há tempo. Ele trouxe um revólver, em vez de dinheiro. Estou confuso. Posso ver a fumaça saindo do revólver. Não tenho certeza se ouvi o barulho. No chão. Estou no chão. Levei a cadeira comigo. Posso sentir o movimento dos meus músculos, mas não estou mais lá. Sei a data também, 9 de março, 1906. Eu morri. Ele nunca me pagou. Eu sabia. Eu sabia."

A morte de James Turner, ex-dono do teatro, não foi possível ser precisada. A Câmara do Comércio de Abilene confirmou que o Palace tinha sido a principal atração da cidade em 1900. O teatro permaneceu como monumento por muito tempo até cair em desuso, e foi demolido só em 1920, quando uma fase de novas construções destruíram muito do pitoresco Velho Oeste de Abilene. Nenhuma informação pôde ser obtida a respeito do dono do teatro, exceto que havia rumores de que tinha morrido num duelo, por causa de um débito de jogo. Seu nome não foi possível obter.

Começando por outro lado, nós pedimos ao Departamento de Registros para procurar o nome de James Turner, esperando ser recompensados com um atestado de óbito. Infelizmente não havia nenhum registro sistemático de mortes no município de Taylor, nessa época. Por um golpe de sorte, entretanto, descobrimos que o mesmo afã de construções que tinha destruído o Palace em 1920 tinha também requerido que um cemitério inteiro, em Abilene, fosse removido. Foi pedido ao Estado que registrasse os nomes de todos aqueles cujas ossadas foram transportadas. Enterrado naquele cemitério estava um homem chamado James Turner, nascido em 1866, morto em 1906. Apenas com essa anotação não foi possível ligá-lo ao Palace ou encontrar uma data exata e a causa de sua morte. Se essa informação tivesse sido comprovada e provasse ser correta a recordação do paciente, esse teria sido um caso extremamente sugestivo. É altamente improvável que o paciente tivesse simplesmente deparado com fatos difíceis de obter até para os pesquisadores trabalhando com as sociedades históricas da área.

18. CASOS SUGESTIVOS DE RECORDAÇÕES DO PERÍODO PRÉ-NATAL E DO NASCIMENTO

Uma criança nascida duas vezes

Trabalhei com uma adolescente que me relatou uma historia pré-natal pormenorizada e depois transportou-se para uma cena de parto totalmente confusa. Ela se descreveu como um bebê masculino. Por um momento pensei que ela estivesse revivendo um nascimento de vida passada, mas uma olhadela no seu histórico médico revelou que tinha identificado corretamente, pelos nomes, os médicos que a haviam atendido e o hospital onde havia nascido nesta vida. Apesar disso, ela insistia ser um nenê masculino. Quando saíra do canal vaginal, ouvira o médico dizer: "O esôfago não está completamente desenvolvido. Talvez nós percamos esse nenê." Ela sentira um grande aperto em volta da garganta e não fora capaz de respirar facilmente. Depois, ela se lembrou de ter contraído febre enquanto ainda estava no hospital e de ter morrido três dias depois. Apesar de que esse, obviamente, não havia sido o nascimento para a vida atual, ela continuou a associá-lo com o período pré-natal no útero de sua mãe. Toda a sua memória pré-natal pareceu verdadeira.

Trabalhamos nessa cena de nascimento até toda a ligação com o trauma desaparecer, mas não percebemos em que época a cena havia ocorrido. Por sorte, essa paciente era muito jovem para dirigir um automóvel e sua mãe a trazia para todas as sessões. Ao final dessa consulta em particular, chamei a mãe para ver se tinha alguma explicação para essa situação misteriosa. Achei que a mãe talvez tivesse testemunhado tal parto numa circunstância de emergência, ou tivesse sido profundamente afetada, enquanto estava grávida por um livro ou um filme nos quais acontecia tal cena. Essas idéias pareciam improváveis, mas eu não sabia o que mais pensar. Descrevi a estranheza da situação: uma criança do sexo masculino, um esôfago danificado, uma febre alta e a morte após três dias. A mãe da paciente explodiu em lágrimas. Após alguns momentos, recuperou sua compostura e relatou os seguintes fatos: tinha perdido um filho nessas exatas circunstâncias, imediatamente antes de conceber a filha que era agora minha paciente. O menino com sistema respiratório defeituoso tinha morrido da maneira como minha paciente descrevera. A mãe admitiu que, após a morte, orara continuamente para que seu filho voltasse e ficara inconsolável por várias semanas. Ao se convencer de que corria o risco de permanecer em depressão pelo resto de sua vida, decidiu conceber novamente, esperando que a responsabilidade de uma nova criança a forçasse a "sair de sua concha", ou melhor, sair daquela depressão. Durante toda a gravidez ficou, naturalmente, obcecada pelo medo de que tudo se repetisse. Pensara continuamente na primeira gravidez e repassara a cena do parto mentalmente, muitas e muitas vezes. Determinada a não sobrecarregar a criança com a tristeza que ela própria estava sofrendo, jurou nunca contar a essa segunda filha acerca da vida infeliz e breve de seu primeiro filho. Uma vez desligada dessa cena, a paciente foi capaz de encenar o período pré-natal e a cena do parto pertencentes a esta vida; o parto ocorrera no mesmo hospital e com o mesmo médico.

Mesmo que fosse provável que a mãe contasse à sua filha acerca do nenê defeituoso, ou que a filha tivesse ouvido falar do assunto, parece inacreditável que ela tivesse ouvido o bastante para ser capaz de construir um período pré-natal inteiro e todos os detalhes do nascimento com tal verossimilhança. Ela foi capaz de recordar as conversas da primeira gravidez tão bem quanto as da segunda, e todas as que verificamos eram verdadeiras.

Nascimento num hospital estrangeiro

Um paciente recordou uma cena de nascimento com ataques de pânico, na qual sua mãe estivera pesadamente drogada. Ele ouviu uma voz masculina com sotaque estrangeiro, que não identificava, dizendo: "Empurre, senhora Welles, agora empurre, senhora Welles. Com mais força, senhora Welles." As palavras pareciam ser de um médico, persuadindo uma mulher num trabalho de parto, mas a mãe do paciente não se chamava Welles, e ele não podia imaginar quem a senhora Welles podia ter sido. Ele sentiu grande confusão enquanto abria caminho pelo canal do nascimento, e preocupação por sua mãe, que parecia estar "ausente" (por causa do efeito das drogas) e que não estava nem mesmo sendo identificada corretamente.

Tudo isso atuou, de maneira interessante, no caso do paciente. Ele tinha vindo a mim reclamando de vários sintomas, e sugeria de tempos em tempos, que todos os seus problemas poderiam desaparecer se trocasse de nome. Ele seria uma pessoa diferente. Observei que seu nome não era a mesma coisa que sua identidade, mas embora ele entendesse isso naturalmente, era incapaz de se livrar da sensação de que uma troca de nome seria a solução para todos os seus problemas.

Após uma sessão como essa descrita acima, um terapeuta cético pode concluir que o paciente estava expressando simbolicamente o desejo de ser filho de outra pessoa, e, conseqüentemente, ser alguma outra pessoa — com um nome diferente. Eu estava convencido de que justamente o oposto era verdadeiro, e que ele tinha ficado realmente confuso a respeito de sua identidade ao nascer, e desse período em diante.

A pedido meu, ele trouxe sua mãe para ver-me. Pedi a ela para descrever o nascimento do paciente e ela confirmou a minha tese. O paciente tinha nascido no Japão, quando o pai dele lá servia na Força Aérea. O pai não estava em casa quando a mãe entrou em trabalho de parto. Ela foi mantida no hospital com muita dificuldade porque ela não falava japonês e o pessoal do hospital falava pouco inglês. A enfermaria da maternidade estava completamente lotada. Então ela foi colocada na enfermaria de cirurgia. Era tarde da noite, e o médico responsável pela enfermaria, que era japonês, tinha estado bebendo. A mãe, então, começou a entrar em pânico. Podia ver que as condições do hospital eram as menos adequadas possíveis e estava sem forças para fazer qualquer coisa a respeito. Entregou-se à situação, mas estava tão nervosa que foi dopada imediatamente. Na sala de parto, o médico apanhou sua ficha, e erradamente leu o primeiro nome que viu, o qual era Welles. Presumiu que o nome da paciente fosse Welles e continuou a chamá-la por esse nome durante todo o parto. Duas enfermeiras americanas que estavam assistindo ao médico, tinham consciência do erro, porque a senhora Welles não era, de maneira alguma, a paciente. A senhora Welles era a enfermeira que tinha feito a última observação na ficha. As enfermeiras evidentemente sentiram que corrigir o médico poderia confundir mais profundamente o problema, e elas, então, permaneceram caladas durante todo o parto.

Quando o parto terminou, o médico deixou a sala. A mãe recordou ter ouvido então uma das enfermeiras dizendo para a outra: "Espere até Welles descobrir que ela acabou de dar à luz outro nenê. Aquele pobre homem trocou o nome de todo mundo, não trocou? Welles está trabalhando para ele há mais ou menos um mês, seria de esperar que a conhecesse." A mãe não se recordava de ter contado essa história a seu filho, e ficou intrigada com o fato. Ela não pensou em fazer a associação entre o desejo dele de trocar de nome com esse crucial incidente de nascimento. O paciente e eu tínhamos freqüentemente discutido esse seu desejo anteriormente, e ele nunca havia mencionado o incidente de seu nascimento durante essas discussões. Eu posso apenas concluir que ele nunca tinha ouvido falar sobre o incidente. Depois que trabalhamos na cena do nascimento, ele não expressou mais nenhum descontentamento com seu nome.

Aceleração do coração de um bebê

Enquanto recordava a viagem pelo canal do nascimento, um paciente descreveu uma palpitação no seu peito, a qual o incomodava tanto que o alertou para o fato de que algo "diferente, de fazer medo" estava acontecendo com ele. Sentia-se tonto e mal podia ouvir um médico e as enfermeiras, as quais, inconscientes de sua condição, acompanhavam sua mãe nos seus esforços para dar à luz.

Quando nasceu, ouviu o médico dizendo: "Seu coração está disparando. Ele tem uma palpitação rápida. Temos de fazer alguma coisa para diminuir a velocidade." O paciente estava consciente de ter sido passado de mão em mão por alguns momentos e depois de ter sido colocado num cobertor que foi enrolado ao redor de seu corpo e preso em ambas as pontas, de maneira que ele podia ser balançado. Ele descreveu ter sido balançado rapidamente. Não podia dizer se duas pessoas estavam segurando o cobertor ou apenas uma, mas ouvia palavras calmas ou sons, enquanto era balançado para frente e para trás no cobertor. Ele primeiro expressou uma sensação de pânico com esse tratamento, mas a excitação no peito diminuiu quase imediatamente e os batimentos cardíacos retornaram ao normal. Depois de alguns momentos o médico o tirou do cobertor e o segurou pelos braços. O paciente recordou o médico dizendo: "Agora está tudo normal. Pronto."

Nem o paciente nem eu tínhamos ouvido falar desse método de regularizar a palpitação infantil (já ouvi falar de um método semelhante para tratamento de crianças hiperativas, o qual consiste em fazê-las rodopiar em uma cadeira até que seu metabolismo se normalize). O médico, embora aposentado há muito tempo, ainda estava morando numa pequena cidade no norte da Califórnia. Estava com noventa e um anos de idade.

155

Não apenas se lembrou de ter usado esse método de tratamento com recém-nascidos que sofriam de aceleração cardíaca, como, especificamente, se lembrava do incidente do nascimento do meu paciente, porque as circunstâncias requisitaram uma atenção especial. O médico tinha anteriormente feito o parto de uma criança natimorta da mesma mãe, e ela estava emocionalmente insegura a respeito do parto de meu paciente. O médico estava acompanhando o parto com grande atenção e, quando a criança nasceu com uma palpitação, quase houve pânico. Quando a aceleração dos batimentos cardíacos da criança voltou ao normal, o médico passou um longo tempo convencendo a mãe de que o nenê era saudável, descrevendo todas as funções do organismo com detalhes, até que a mãe ficasse segura.

O médico se recordava disso com detalhes, mas ficou bastante surpreso em saber que a cena do nascimento tinha sido lembrada pelo paciente após tantos anos. Ele não podia explicar claramente como funcionava o tratamento que tinha dado ao recém-nascido, sabia apenas que era um tratamento "tradicional" para palpitação cardíaca, e que tinha dado bons resultados durante todos os seus anos de trabalho.

O despertar de um sonho de uma criança adotada

A coisa mais próxima de uma "prova total" de eminência de memória pré-natal é um caso envolvendo um colega meu e sua filha adotiva de quatro anos. O "caso" veio à tona puramente por acaso, pois eu não estava trabalhando nem com o homem nem com sua criança.

Enquanto eu estava jantando em casa deles, a filha começou a falar enquanto dormia, usando sintaxe e estilo de dicção que deveria ser usado por adulto. Sem a certeza de que ela estava dormindo ou acordada, nós entramos no quarto e a encontramos com os olhos fechados e uma expressão embaraçada em seu rosto. Estava dizendo: "Deixe-me sozinha, vá embora. Não quero falar sobre isso. Não direi uma só palavra a esse respeito. Deixe-me sozinha." Repetiu essas frases, com variações, por meio minuto ou mais. Com permissão do pai, comecei a questionar a garota.

"Onde você está? Você continua na barriga da mamãe?", perguntei.

"Sim", ela disse claramente.

"Quem está falando?"

"Mamãe. Ela está falando com a mãe dela."

"Quais as palavras que elas estão dizendo?", perguntei.

" 'Deixe-me em paz.' Eles estão dizendo... estão usando a palavra sexo. Ela está dizendo 'sexo' "

"O que mais?"

"Deixe-me sozinha, não quero falar mais sobre isso — Deixe-me sozinha."

Com isso a garotinha acordou e olhou em volta do quarto. Disse que estava tendo um sonho, mas que não se lembrava dele claramente. Sua mãe a segurou nos braços por alguns minutos, depois lhe deu um pouco de suco de frutas e ela voltou a dormir pacificamente.

Tomei conhecimento de que aquela criança fora dada para adoção ao nascer. Como os pais adotivos estavam preocupados com o histórico do nascimento e as condições pré-natais da criança, eles haviam tido prolongados contatos com a mulher que tinha aconselhado a jovem mãe biológica da criança, durante sua gravidez. A conselheira relatou que a mãe tinha sofrido fortes pressões para abandonar a criança, principalmente por parte de seus pais. Eles a tinham importunado repetidamente, dizendo-lhe que uma mãe solteira não poderia educar uma criança com êxito; que era um ato criminoso engravidar antes de casar, e que isso era uma cruz penosa para a criança suportar. De acordo com a pessoa responsável pela adoção, a jovem relatou várias discussões violentas com sua mãe no período final da gravidez. Esses fatos culminaram com a garota dizendo à sua mãe que ela iria fingir que a mãe não estava falando, até que esta parasse de falar sobre o assunto. Numa outra ocasião, dissera ao conselho de adoção que "eles nunca me deixam sozinha; de agora em diante eu apenas vou ignorá-los. Eles não poderão discutir se eu não responder".

O despertar do sonho da garotinha parecia ser um retrospecto desses acontecimentos pré-natais. Porque a criança fora adotada imediatamente após o nascimento, é impossível que ela tivesse ouvido falar dessas brigas entre sua mãe e seus avós — ela nunca os tinha visto. Muito possivelmente, então, essa garota poderia lançar mais alguma luz sobre a memória pré-natal — mas eu apenas me prontificaria a trabalhar com ela se houvesse um problema comportamental que ela quisesse corrigir.

Vejo o material do meu próprio arquivo como um ponto de partida inicial para investigações mais profundas. Espero ter levantado alguns pontos legítimos, que possam ser tratados por cientistas, filósofos, médicos e outros que tenham mente aberta. Os eventos me parecem extraordinários. O que significam não sei. Para o terapeuta, a revivescência das vidas passadas é somente uma técnica destinada a ajudar os pacientes a reencontrar a perspectiva perdida. As implicações dos incidentes revividos podem ser bem maiores; fico satisfeito, no entanto, em trabalhar com os problemas individuais de cada paciente.

19. PROPOSTAS PARA UMA TEORIA

Nas palestras que tenho dado a respeito da terapia de vida passada, recentemente, dediquei uma grande parte do tempo respondendo perguntas do auditório. Sendo a terapia de vida passada um processo complexo, muitas das perguntas que recebo se referem especificamente à técnica em si. Creio que, neste livro, esclareci muitas dessas dúvidas; entretanto, muitas outras perguntas são feitas a respeito da validade da terapia, das sensações relacionadas com a terapia, e os resultados da mesma. As perguntas mais comuns estão aqui reunidas, e tentei respondê-las individualmente.

Você tem pacientes que não podem recordar nenhuma vida passada?

Sim, embora poucos sejam incapazes de alcançar as vidas passadas. Geralmente, quando um paciente diz que não vê, ou não ouve nada, está estimulado por algum incidente no qual ele está cego, com os olhos vendados, surdo, ou de alguma maneira incapaz de perceber as coisas normalmente. Em tais sensações eu pergunto: "O que está acontecendo com seus olhos, ou ouvidos?" Freqüentemente isso quebra a barreira: o paciente recordará ter tido seus olhos vendados ou ter sido cego, e continua a relembrar os outros detalhes do incidente.

Tenho alguns pacientes que jamais poderão recordar com sucesso alguma vida passada. Entretanto, estou convicto de que essa é uma função de desligamento de comandos, gravada no inconsciente, mais do que o resultado de uma incapacidade natural. Freqüentemente, quando um paciente que teve grande dificuldade finalmente consegue atingir um incidente, capta frases que se referem à natureza secreta do incidente, como "Nós não deveríamos estar fazendo isso", "Qualquer coisa que você faça, nunca diga a ninguém", ou, ocasionalmente, "Não diga nada aos médicos, eles realmente nada sabem daquilo que estão falando". No caso de uma paciente com a qual a terapia nunca pôde realmente começar, porque ela não atingia incidentes passados, descobri que, durante seu período pré-natal, sua mãe tinha se convertido a uma filosofia religiosa que negava toda dor e qualquer sentimento que pudesse levar uma pessoa a se afastar de Deus. Tenho certeza de que essa experiência pré-natal foi responsável pelo fechamento total do acesso ao inconsciente.

Que mudança o paciente mostra quando atinge o inconsciente?

Cada paciente sente essa mudança diferentemente. Para alguns, não é muito diferente do estado de consciência total. Há uma ligeira diminuição na velocidade dos padrões da fala ou troca dos padrões de sintaxe. Para outros, é mais claramente diferenciada; a voz desce para um registro mais baixo, e as palavras vêm à tona de uma maneira medida, ligeiramente semelhante a um sonho. Alguns pacientes começam sentindo que eles estão "inventando" parte do que eles me dizem, mas logo descobrem que não podem mudar o conteúdo dos incidentes de suas vidas passadas, e devem revelar os aspectos mais pessoais e dolorosos das histórias que eles pensavam que eram imaginárias. Isso é o que mais rapidamente convence o cético. Ele começa dizendo a primeira coisa que lhe vem à cabeça, simplesmente para me satisfazer, mas, no momento em que ele depara face a face com sua dor, não pode mais negar a validade da terapia. Alcançar a mente inconsciente sem hipnotismo é bem simples. Eu não faço nenhum exercício de relaxamento com meus pacientes, nem uso técnicas sensoriais conscientes para fazer o corpo ou as pálpebras sentirem-se pesadas. De fato, não há nada de transe numa sessão de terapia de vida passada. No começo o paciente pode ter algum problema em conseguir que as memórias inconscientes fluam, mas essa dificuldade é geralmente eliminada quando o paciente vê que a terapia começou a fazer efeito. Uma vez que o senso de confiança é estabelecido entre o paciente e sua própria mente inconsciente, alcançar o passado torna-se uma questão muito simples.

Você trabalha com incidentes traumáticos nesta vida?

Sempre. Invariavelmente, o trauma que um paciente descreve nesta vida tem um componente de vida passada e de vida pré-natal. Mesmo que o trauma seja totalmente novo para o paciente, este se lembrará, na sua mente inconsciente, da maioria dos incidentes similares no passado. O trauma deve ser apagado do passado, do período pré-natal e da vida presente, onde freqüentemente retorna na primeira infância, na meninice, na maioridade.

Cobrindo o período pré-natal, não é possível que os fatos que um paciente descobrir acerca de seus pais possam arruinar um relacionamento cheio de paz?

Inconscientemente, o paciente já sabe tudo acerca de seus pais antes da terapia. Esse conhecimento freqüentemente causa profundos problemas, porque está escondido, e apenas se expressa no comportamento do paciente em relação a seus pais. Ressentimentos por mal-entendidos, hostilidades que parecem sem fundamento são sinais externos de um rancor inconsciente pelo comportamento passado dos pais. Quando os fatos são esclarecidos, o paciente quase sempre vê a razão e a lógica das ações de seus pais sob novas perspectivas, pela primeira vez. Se um paciente vem a mim descrevendo um relacionamento genuinamente amigável e seguro com seus pais, eu sei que não se descobrirá nada no curso da terapia para prejudicar esse laço de amizade. Se alguma coisa está escondida no período pré-natal, o paciente já terá sentido, e já terá, portanto, um relacionamento adverso, embora ele não possa entender porquê.

Normalmente, as pessoas que vêm para a terapia de vida passada têm muitos problemas com seus pais. Embora nós possamos encontrar cenas pré-natais de comportamento agressivo e hostil, freqüentemente dirigida à criança que está para nascer, os pacientes emergem de tais cenas com uma grande compreensão de seus pais, entendendo seus pontos de vista.

Raramente um paciente reage com rancor à recordação do período pré-natal. Muitos pacientes encontram melhora no relacionamento com seus pais, embora isso não tivesse sido o propósito de sua terapia. A recordação da experiência pré-natal abre suas perspectivas. Freqüentemente, permite às pessoas sentirem compaixão por seus pais, pela primeira vez em suas vidas.

Quantas pessoas experimentam ser do sexo oposto nas vidas passadas?

Eu não guardo estatísticas sobre esta pergunta, mas muitos de meus pacientes se recordam de, em pelo menos uma vida, terem sido do sexo oposto. Helen Wambach relata que 80% das pessoas que estudou de ambos os sexos demonstram pelo menos uma vida passada do sexo oposto.

Qual é a probabilidade de se conhecer alguém de uma vida passada?

Coincidência, simplesmente, não pode explicar o número de pessoas que parecem conhecer pessoas de encarnações prévias. Wambach nota que 85% dos indivíduos estudados relatam conhecer, nesta vida, alguém que conheceram em uma vida passada. Ela não tenta confirmar essa cifra. Algumas pessoas sugerem que o espaço entre vidas fornece um mecanismo para fazer as pessoas juntarem-se novamente. Minha própria experiência defende isso, nos dois casos descritos neste livro: A Terapia de Carl e Abigail Gordon relatada no capítulo Relacionamentos, e o caso da criança nascida duas vezes da mesma mãe, na parte IV: Subsídios para a Pesquisa Científica. Apesar de casos como esses, é essencial enfatizar que, na terapia, é o padrão, e não a identidade atual de uma pessoa, que é importante. Queremos saber o que a posição de pai ou marido significou para o paciente, e não se o atual homem ocupando aquela posição é idêntico àquele do passado.

As pessoas descrevem vidas como animais?

Sim, quando eu solicito a alguém a mais antiga fonte de um problema particular, ele quase sempre descreve um ferimento ou morte como animal. Nós desligamos um paciente de um incidente animal usando o mesmo método de repetição empregado para o *input* traumático humano.

O fato de que as vidas animais sejam descritas para mim como o mais primitivo nível de existência pelos quais meus pacientes passam faz aparecer um ponto interessante acerca da progressão das vidas. A conclusão das experiências de meus pacientes é que nós todos mudamos do nível animal para o nível tribal, e daí em diante, para vidas mais progressistas e sociedades sofisticadas. Eu nunca encontrei um caso de um paciente que tivesse passado de uma vida humana de volta para uma vida animal. As vidas são raramente descritas em ordem cronológica, tendendo na maioria dos casos, a ser agrupadas por semelhanças traumáticas. Entretanto, se colocarmos as vidas em ordem, sempre encontramos a vida animal antes da primeira vida humana.

Não é a progressão *que você descreve em contradição direta com o conceito de* karma*?*

É. *Karma*, como entendido pelas religiões hindu, budista e jainista, envolve um sistema de julgamento divino. Cada homem é julgado com base em todos os atos de sua vida, e seu próximo estado corpóreo é seu castigo ou recompensa. De acordo com essas crenças, um homem mau pode reencarnar como um animal feroz, e um padre devoto pode ser recompensado com uma vida futura "perfeita".

Essas são as crenças religiosas de quase um bilhão de pessoas, e eu não estou preparado para tecer comentários sobre elas. Posso apenas falar sobre minha própria experiência ao ouvir centenas de relatos de vidas passadas por esses anos todos.

Desses relatos, eu desenvolvi minha própria crença sobre o que *karma* significa.

Carma é um débito devido pela própria pessoa, para ser pago pela própria pessoa, num tempo que a pessoa decide, de uma maneira escolhida por ela mesma. Não pode nunca ser usado como uma desculpa, porque todos têm a possibilidade de pagar o seu débito, ficar em paz consigo mesmos, em qualquer tempo que quiserem fazê-lo. Para pagar seus débitos, uma pessoa deve solucionar seus moldes de vida, e assumir a responsabilidade por sua própria vida.

O que você quer dizer por "assumir a responsabilidade por sua própria vida"?

Responsabilidade não é culpa, censura, vergonha ou castigo. É simplesmente saber que você é a causa da sua vida. Foi você quem a escolheu, não seus pais ou o seu criador. Você foi, de alguma maneira, a mesma pessoa, por séculos. Você deve saber quem aquela pessoa é, você deve concordar com você mesmo, que você agirá de uma maneira responsável, entendendo exatamente quais são as suas fraquezas e forças, para alcançar o potencial pessoal dentro de si próprio.

Seus pacientes puderam, em algum momento, observar melhoras em áreas de suas vidas que não estivessem trabalhando especificamente?

Os pacientes freqüentemente recebem benefícios residuais da terapia de vida passada, porque um incidente traumático que causa morte freqüentemente destrói várias partes do corpo, e o desligamento desse incidente também pode resultar em muitos tipos de melhora corpórea. Um paciente com cefaléia aguda descobriu muitas mortes por tortura, incluindo, mas não exclusivamente, danos na cabeça. Quando ele se desligou desses incidentes, começou a perceber melhoras em sua condição artrítica, que ele acreditava ser uma doença puramente fisiológica. É desnecessário dizer que as cenas de tortura que reviveu incluíam dores nas juntas, alongamento dos dedos e outros *inputs* que o levariam a sofrer artrite numa vida mais adiante. O paciente não tinha mais esperanças de amenizar sua dor artrítica e ficou admirado por esta poder ser melhorada através da terapia. Essa não é uma ocorrência incomum. Eu tenho testemunhado novo crescimento de cabelos, melhora na visão e mesmo aumento de seios numa mulher que estava querendo encontrar uma solução para o seu problema de identidade sexual. Essas manifestações físicas de melhoras obtidas através da saúde mental não haviam sido solicitadas em nenhum dos casos.

Como as relações com os outros são afetadas pela terapia de vida passada?

Os pacientes freqüentemente sentem que o mundo está mudando ao redor deles. Muitos acham que a sua terapia mudou seus companheiros, seus amigos e seus colegas de trabalho, todos para melhor. Isso é, naturalmente, uma reação subjetiva às suas próprias melhoras. O que geralmente acontece é que o paciente não mais provoca comportamentos negativos nos outros. Mudando os seus padrões, sem os aspectos de hostilidade ou submissão, o paciente provoca uma reação mais independente nas pessoas que costumavam evitá-lo ou diminuí-lo. Impressionado com a melhora de atitude de uma pessoa em terapia, seu companheiro pode, repentinamente, tornar-se mais cooperativo, seus superiores podem achá-lo mais merecedor de promoção. Essas melhoras trazidas à tona por qualquer tipo de terapia bem sucedida podem ser observadas do mesmo modo. Porém, como a melhora na terapia de vida passada é rápida, as reações dos outros podem parecer bastante dramáticas.

Tem havido um grande ressurgimento do interesse pela herança cultural: muitas pessoas começaram a explorar seus ancestrais, em termos de linhagem sangüínea. O conceito de escolha de uma vida nova, no espaço entre vidas, elimina a validade de tais conceitos como herança de família?

Não inteiramente. As características físicas de uma criança recém-nascida são determinadas pelos genes de seus pais; essa herança é a base da linhagem. Contudo, eu diria que a mente inconsciente não está ligada por essas regras de genética. Muitos pesquisadores experimentais da reencarnação atribuem o fenômeno da recordação das vidas passadas à "memória genética", afirmando que os eventos que as pessoas relembram do passado são herdados de seus pais, junto com a cor de seus cabelos e a dureza de seus dentes. Se esse fosse o caso, os pacientes estariam recordando as vidas de seus antepassados. As experiências de meus pacientes não favorecem essa teoria, de maneira alguma. Suas recordações tendem a abranger o espectro da existência humana; pacientes brancos relembram terem sido pretos; pacientes mexicanos relembram terem sido soldados britânicos na Segunda Guerra Mundial, e assim por diante. Além disso, muitos pacientes recordam vidas passadas que ocorreram durante o tempo de vida de seus pais, coisa que provavelmente não poderia ter sido armazenada no código genético de seus pais.

Nas bases de meu trabalho, sou forçado a concluir que nossa herança familiar, cultural ou sangüínea nos dá menos informação a respeito de nós mesmos do que poderíamos desejar. Cada um de nós tem uma segunda herança, armazenada na mente inconsciente, que pode ou não ser similar à nossa linhagem familiar física. Lembre-se de que cada um de nós tenta voltar para um ambiente que nos permite continuar com os moldes de vida que acabamos de deixar. Em alguns casos, a maneira mais eficiente de atingir esse fim pode ser retornar para um antecedente cultural semelhante. Um judeu russo que tenha sofrido com padrões de perseguição religiosa no tempo do czar pode achar desejável retornar na qualidade de judeu russo, por exemplo. Em tais casos, sua herança cultural e sua herança das vidas passadas seriam virtualmente idênticas. Entretanto, é muito possível que ele nascesse como um negro na África do Sul, destinado a sofrer os mesmos padrões de opressão, porém com um elenco diferente de caracteres e um cenário cultural diferente.

CONCLUSÃO

Um velho e querido amigo uma vez me disse o seguinte: "Se uma semente descansa na sua mão e você quer conhecer sua identidade, tem duas escolhas: você pode dissecá-la no laboratório e certamente conseguirá alguns resultados, mas também destruirá a semente. Ou você pode plantá-la e observá-la crescer. A última escolha sempre levará mais tempo, porém lhe dirá mais a respeito da natureza da semente". Minha esperança com este livro é a de apenas plantar a semente, de maneira que outros possam observar os resultados. Médicos e terapeutas estão convidados a testar este trabalho. Eu espero que eles não se recusem a considerá-lo como base por lidar com a reencarnação.

Alguns terão fortes sentimentos de ceticismo e descrença, por razões diferentes. Eles se darão conta de que, na terapia de vida passada, devem renunciar ao papel de curadores, pois serão incapazes de levar crédito pelas mudanças vindas à tona em seus pacientes. Verão que no decorrer da terapia é sempre o paciente que se cura sozinho. Esse trabalho dispõe de uma técnica que coloca toda a responsabilidade onde ela deve estar — no paciente. Nós não devemos nunca dizer ao paciente que podemos fazer alguma coisa que ele não possa. A terapia de vida passada nos permite explorar as áreas novas da mente inconsciente de uma maneira nova. Seu objetivo é o mesmo de qualquer outro tipo de terapia, ou seja, ajudar o paciente a definir sua visão do mundo, e eliminar o medo inexplicável, a ansiedade e a depressão que não vêm de fora, mas dos limites profundos do inconsciente.

Eu não espero que as pessoas criadas na cultura ocidental aceitem a reencarnação prontamente como aproximadamente um bilhão de pessoas orientais o fazem. Nós somos muito pragmáticos, práticos, céticos para aceitarmos uma crença sem evidência. Muitos de nós insistimos que as crenças pertencem às nossas vidas. Tristemente, nossa sociedade faz pouco uso do imensurável.

Porque eu acredito que um terapeuta não deva usar nenhuma técnica, nem abordagens terapêuticas que não possam ser usadas na sua própria vida, devo terminar dizendo que passei a viver minha vida de uma maneira que reflete os preceitos básicos deste livro; eu tenho o prazer de dizer a qualquer pessoa e a todos que perguntem: a terapia funciona.

BIBLIOGRAFIA

Cohen, Daniel. *The Mysteries of Reincarnation.* Nova York, Dodd Mead & co., 1975.

Moody, Raimond A. *Life after Life.* Nova York, Bantam Books, 1976.

Shiffrin, Nancy. "Past lives, present problems." *Human Behavior Magazine*, volume 6, n° 9, set. 1977.

Stevenson, Ian. *Twenty Cases of Suggestive Reincarnation.* Charlotesville, University of Virginia Press, 1974.

Wambach, Helen. "Past life recall". *Psychic Magazine*, volume 7, n° 5, nov./dez. 1976.

——————. "Life before life." *Psychic Magazine*, volume 7, n° 7, jan./fev. 1977.

A presente obra é uma sugestão editorial da Associação Brasileira de Estudo e Pesquisa em Terapias de Vivências Passadas, rua Áurea, 226, Vila Mariana, 04015-070, São Paulo, SP, fone/fax (011) 570-1397.

IMPRESSO NA
sumago gráfica editorial ltda
rua itauna, 789 vila maria
02111-031 são paulo sp
tel e fax 11 **2955 5636**
sumago@sumago.com.br

GRÁFICA
sumago